死刑囚の
理髪係
著・ガリ
彩図社

# プロローグ

「次の収容者《ガラ》が来るぞ。配置を変更しろ」

東京拘置所、D棟11階。

刑事事件の判決を待つ被告人、そして重罪を犯した死刑囚が収容されるこの施設で、私は刑務作業の一環として収容者たちの髪を切る「理髪係」を担当していた。

各フロアに1室ずつ設けられた理髪室は8畳ほどの無機質な空間で、街の床屋で見るような鏡と椅子が2セットずつ設置されている。通常であればそこに収容者を2名ずつ並べて切っていくのだが――配置変更の指示が出たということは、次は死刑囚がやってくるという合図だ。

鏡の前にむき出しで並んでいるバリカンやすきバサミを手に取り、白い布が被せられた棚に移動させていく。何から何まで真っ白に統一されたこの部屋には、息が詰まるような独特の緊張感が漂っていた。

〝死刑囚の手が届く位置に刃物を置くな〟

これは理髪係における絶対的なルールだ。理髪道具は厳重に管理され、散髪に使うのは基本的にバリカンのみ。すきバサミは使用できるが、普通のハサミは用意すらされていなかった。理由は、説明するまでもないだろう。

「時間ないぞ。急げ」

部屋を監督する刑務官の威圧的な声に、張り詰めた理髪室の空気がより一層引き締まる。

「……この作業って本当に必要なんですかね？」

少しでも緊張をほぐそうと、つい軽口を挟んでしまう。私の悪い癖だ。

「あ？」

作業に関係のない私語は、原則禁止されている。こちらを射るような刑務官の視線は、くだらない質問をする暇があるなら手を動かせ、と言わんばかりだ。

「いくら死刑囚とはいえ道具奪って暴れるようなマネはしないと思うんですよ。そんなことしたら一発で懲罰になっちゃうし」

「お前それ、本気で言ってんのか？」

刑務官はマジかよ、と呆れた様子で首を横に振った。

「死刑囚を切るのは今日が初めてだったよな？」

「そうです」

「何もわかってないみたいだから教えてやるけどよ、あいつら死刑囚だぞ？　死刑ってことは、それ以上罪が重くなることはないってことだよな？　懲罰もクソもないんだよ。俺が言ってる意味わかるか？」

「……」

面倒くさそうに頭を掻きながら、刑務官は続けた。

「仮に拘置所内《な か》で何人殺したところで、死刑囚には関係ないってことだよ」

扉が開き、刑務官に連れられたひとりの男が入ってきた。

加藤智大。２００８年に起きた「秋葉原通り魔事件」の犯人だ。落ち着かないのか身体を忙しなく動かしながら、キョロキョロと部屋を見渡している。

「こちらへどうぞ」

鏡の前へ案内すると、加藤は恐る恐る腰を下ろした。

この挙動不審な男が、多くの人命が失われたあの凶悪事件の犯人なのか。事件のイメージとのギャップが大きく、いま目の前で起きている現実が上手く像を結ばない。

加藤は椅子の感触や座り心地を確かめるように、何度も姿勢を変えて座り直した。いかにも神経質そうな仕草だ。

「髪型はどうしますか？」

過度なものでなければ、死刑囚の髪型は基本的に自由だ。

オーダーを聞くと加藤は伏し目がちに、

「前五部《まえごぶ》で」

と返事をした。

前五部とは刑務所用語で、いわゆるスポーツ刈りのようなものを指す。

オーダーは簡単。この日のために準備もしてきた。あとは落ち着いて仕事をこなすだけだ。

自分はこれから、殺人犯の髪を切るんだ。

私は改めて気を引き締め直し、汗の滲む手でバリカンを握った——。

# 死刑囚の理髪係　－目次－

# 第一章　死刑囚の理髪係

# 第二章 理髪デビューと死刑囚の洗礼

# 第三章　拘置所のカオスな日常

# 第四章　理髪係を通して見えたもの

# 第一章　死刑囚の理髪係

## 東京拘置所に〝赤落ち〟

２０１９年、私は逮捕された。30歳の冬のことだった。

執行猶予中に懲りもせずくだらない盗みを働いて、再び逮捕されたのだ。

服役中に私が刑務作業を行っていたのは、東京拘置所という施設だ。判決待ちの容疑者、そして死刑囚が収監されるこの施設で、理髪係として収容者たちの髪を切っていた。

通常であれば逮捕↓拘置所↓刑務所という順番で連行されるのだが、刑務所には行かず、そのまま拘置所で服役するという特殊なパターンだった。

本書は、そんな私が理髪係を通して見てきた死刑囚たちの姿を綴ったものである。

＊＊＊

東京拘置所にはＡ～Ｄ棟の建物があり、それぞれが12階建てになっている。判決を言い渡されたあとにさまざまな手続きを済ませ、私が連れて行かれたのはＤ棟の中層階だった。全部屋が独居になっているフロアだ。

この時点で、私はまだ自分が東拘の理髪係に任命されることはわかっていない。今日から始まる１カ月間の「仮作業」のなかでその囚人の特性が判断され、全国の刑務所に振り分けられていくのだ。こうして刑務所に行くことを、一部では「赤落ち」と呼ぶ。

仮作業期間に担当したのは、紙袋を折る仕事だった。誰もが知っている大手衣類ブランドや食品メーカーの紙袋があったことに驚いた。シャバの人々は、この紙袋が犯罪者によって折られているなんて夢にも思わないだろう。

仮作業と並行して、ＩＱテストや一般常識テスト、さらに面接も行われた。この結果も、犯罪者の分類に大きく影響するらしい。

１カ月ほど経ったある日、私に東京拘置所での刑務作業を行うことが言い渡された。つまりどこかの刑務所に飛ばされるのではなく、このまま東拘で受刑するということだ。

このパターンは非常に珍しく、一部では「東拘で受刑するヤツはエリートだ」と言われているほどである。初犯だったり特殊な肩書を持っていたりする受刑者が多く収容され、さらに仮出所がもらえる期間も長いのが、この東京拘置所だからだ。

おそらく私は美容師の国家資格を持っていたから、そのひとりに選ばれたのだろう。まだ正式に理髪係に任命されたわけではなかったが、理由はそうとしか考えられなかった。もちろん資格を持っていても東拘に選ばれない人間もいるから、そういった意味では運が良かったとも言える。

受刑する場所が決定した後は、２週間の新人訓練が行われる。

集団生活のルール、布団の畳み方、発声練習、行進練習、体操練習……。懲役生活において必要な知識や礼儀を、徹底的に叩きこまれるのだ。

私は集団生活に向いた器用なタイプではないため、この新人訓練は心身ともにかなりの苦痛があった。当時の日記にはこう書かれている。

「なぜこんなミスが続くのだろう。こんなにミスをするのは人生初めてかもしれない。ダメな歯車がまわっている。心も身体も疲れ切っている。なんとかしなければ」

この苦しみも償いのひとつだと自分に言い聞かせ、目の前の1日を乗り切るのが精一杯だった。

## 理髪係に任命される

地獄の新人訓練を終え、私は正式に理髪係に任命された。何となく予想はしていたが、自分の得意なことを刑務作業に活かせるということで単純に嬉しさがあった。

初日は理髪室に入ることはなく、フロアの床掃除が仕事だった。

独居フロアには、1フロアに対して66部屋が配置されている。床を磨こうと一歩足を踏み入れると、各部屋から一斉に冷たい視線が飛んできた。こちらを値踏みするような目をしている者に、睨みを利かせている者、ニヤニヤとからかうような表情をしている者――一応私とは違い判決待ちの身ではあるものの、彼らもまた、ほとんどは犯罪者の集まりだ。目を合わせたり合図を送ったりすることは禁止されているため、私は平然を装って黙々と床の掃除を続けた。罪を償うためとはいえ、つくづく居心地の悪い場所だ。

「明日からは、理髪係の作業に同行しなさい」

床を磨いていると、フロアを巡回していた刑務官が声をかけてきた。

とりあえず初日の雑用は認められたということだろう。

「わかりました。ありがとうございます」

楽しみと言うと少し違うが、ひとまずこの環境からは抜け出せると思いホッと胸を撫で下ろした。


初日の半日作業を終え慌ただしい昼食を済ませると、午後は運動の時間だ。この時間には、日によって屋上にある運動場、あるいは体育館で自由に身体を動かすことが許されている。

運動の開始前、私が所属することになった「1区」のメンバー20人が集められた。

東京拘置所内で作業をする受刑者は、「区」という単位で分類され、管理される。各棟の11階・10階が1区、9階・8階が2区……という具合だ。

理髪係が拠点とする事務所兼物置部屋はC棟の10階にあったため、私は1区の所属というわけである。

「新入りだ。自己紹介をしろ」

刑務官のぶっきらぼうな紹介で、1区のメンバーの前に立たされた。視線が一斉に集まって来るのを感じる。

私も含め、ここにいるのは全員犯罪者だ。社会のルールに沿って生きて行くことができなかった者たち――いじめや暴言、暴力、妬み、厳しい規則などあることは承知の上だった。だが、理不尽に自分を攻めてくるやつには絶対負けたくないと思った。ここでナメられるわけにはいかない。

喉から血が出るぐらい声を出し、ほとんど罵声のような自己紹介をした。

感触は悪くない。どうやら、最初の関門は無事に突破できたようだった。

## メガネくん

「すごい自己紹介でしたね。圧倒されちゃいました」

運動場の隅で適当に身体を動かしていると、メガネ姿の男に声をかけられた。

歳は私より5、6コ下くらいだろうか、真面目そうな青年だった。

「ありがとうございます。理髪係に配属された者です、よろしくお願いします」

「僕は特殊役場で衛生夫をしています。特殊役場ってわかりますか?」

「主に死刑囚とか……特殊な収容者が入ってるフロアですよね?」

「そうです。そのうち、理髪作業でも回ることになると思いますよ」

聡明な口ぶりを聞いていると、私はとてもじゃないがこのメガネくんが犯罪者だとは思えなかった。後でわかったことだが、お堅い士業の仕事をしていた彼は、横領の罪でここに入ってきたらしい。人は見かけによらないものだ。

「衛生夫って、どんな仕事をされる方でしたっけ」

私は引っかかっていた言葉について、メガネくんに尋ねてみた。

「食事を運んだり、掃除をしたり、収容者の生活全般をサポートする係です」

「衛生夫は刑務作業の花形だって何かで聞いたことがあります」

「刑務作業に花形も何もないですよ。でも僕、死刑囚の情報はたくさん持っているので何でも聞いてください。結構ややこしい人も多いですからね……理髪係だったら、何かと接する機会も多いでしょう？」

「助かります。ありがとうございます」

「ここでは助け合いがすべてですから。お互い頑張りましょう。ではまた！」

去っていくメガネくんの後ろ姿を見ながら、私はなるほどな、とつぶやいた。

たしかにここでは、受刑者同士の助け合いは必要不可欠だ。特に私のように死刑囚と関わる機会が多い仕事の人間には、収容者についての細かい情報は大きな価値を持つだろう。

逆に言えば、仲間内から弾かれてしまうことは大きなハンデを意味する。真面目に刑期を務めシャバに出たい私にとって、人間関係を円滑に進めることは何よりの重要事項に思えた。

そうなると問題は、このあと初めて顔を合わせることになる同房のメンバーたちである。房に上手く迎え入れてもらえることが、次のミッションというわけだ。前途多難な道のりを思い、私は小さく溜息を吐いた。

## ご機嫌なリーダー

午後の作業を終え、自分が生活する雑居に戻ることになった。

畳12枚ほどのスペースがある雑居にはそれぞれが読書や勉強をする机が並べてあり、その上には差し入れ本などをしまっておく棚、そして部屋の奥には簡素な流しとトイレが設置されている。この狭い環境で、最大8人の受刑者が身を寄せ合って共同生活を送るのだ。

当然エアコンなど付いていないため、夏は暑く、冬は寒い。自分の罪と向き合うにはうってつけの場所である。唯一の娯楽と言えば中央に置かれたテレビと、薄っすらと聞こえてくるラジオ放送くらいだろうか。

――ここで一緒に暮らすメンバーが、今後の懲役生活を大きく左右するだろう。

私は意を決して、雑居に足を踏み入れた。

「ガリくん！　今日の自己紹介よかったよ」

部屋に入るやいなや、快活な声が聞こえた。一瞬誰のことかわからなかったが、声の主はどうやら私に話しかけているらしい。

「ガリ……僕のことですか？」

「そうそう！　頭刈ってもらうことをみんなガリって呼ぶから、ガリくん」

さっきのメガネくんよりは少し年上だろうか、精悍で整った顔つきの男が、その大きな目をこちらに向けていた。

「今日からこちらでお世話になることになりました」

「よろしくね！　俺のことはパブロって呼んでくれればいいから」

「パブロ？　あの有名な麻薬王の名前ですか？」

「そう。俺は1区を仕切る衛生夫のリーダーだから、名前を拝借してるの。こう見えて結構偉いんだよー？」

「……なるほど。よろしくお願いします」

「他のメンバーもみんないい人だから、安心してくれて大丈夫だよ」

パブロが、他のメンバー3人を指で示す。

「みんなそれぞれのフロアで衛生夫やったり、炊事係やったりって感じだね」

「じゃあこの舎房のトップも、パブロさんが担当されてるんですか？」

一瞬で場を支配するパブロに、私は質問をぶつけてみる。

「いや、部屋での番手は真ん中くらいだから、俺は房長じゃないよ」

番手とは、受刑者の位を示す階級のようなものだ。入ってすぐは下番手で、長く務めていくほど上番手になっていくというシンプルな仕組みである。上番手の言うことは絶対で、そこに年齢は関係ない。中に入っている期間だけがモノを言う世界なのだ。


理髪係という珍しい仕事に興味を持ってくれたのか、パブロは話を続ける。

「でも理髪係ってことはさ、死刑囚とガンガン関わることになるワケでしょ？　結構大変だと思うよ」

「そうですかね……でも、死刑囚ってかなり厳しく行動が制限されてるんじゃないですか？その辺は割と大丈夫なのかなって思ってるんですけど」

「逆だよ。あの人たちって、意外と自由気ままな生活してるんだよね。ガリくんも理髪係やってれば、いろいろ思うところも出てくるんじゃないかなぁ？」

「どういう意味ですか？」

真意を聞こうと言葉を返すと、さっきまで明るかったパブロの表情が一瞬曇ったように見えた。

「そうだなぁ……まあ、続けてれば自然とわかると思うよ」

パブロは話を切り上げるように、ふらふらと自分の机に戻っていってしまった。

どうやらハズレの部屋ではなかったようだ。多少の違和感は覚えつつも、とりあえずはひと安心した。あとは部屋のしきたりやルールを覚えて、上手く馴染んでいくだけだ。

よろしくお願いします、と改めて小さく挨拶をし、私は荷物の整理に取り掛かった。

## 小刈りとして理髪係のスタート

今日からいよいよ理髪係としてのデビューだ。

バタバタと朝食をかき込み、C棟10階にある理髪係の拠点へ向かう。理髪係はここで諸々の準備を済ませ、その日理髪を行うフロアへと出かけて行くのだ。

1日に切るのは大体20人前後。1フロアにはざっと60人の収容者がいるので、ひとつのフロアを3日ほどかけて片付けていく計算になる。私が所属する理髪係は基本的に1区と2区を担当しており、それ以外にはまた別のチームがいるとのことだった。

現場に着くと、まずは先輩との顔合わせが始まった。

理髪係には、2人の先輩がいた。上番手から順に「大刈り《おおが》」「中刈り《ちゅうが》」という呼び方をするらしい。近々出所する予定だという大刈りの穴を埋めるために、私が「小刈り《こが》」としてチームに加わったわけだ。

大刈りが出所するまでの数カ月間はアシスタントとして雑用を担当するのだが、この期間がとにかく苦痛だった。大刈りが、とにかく嫌なヤツなのだ。

私が準備していた荷物が勝手に無くなっていたり、ちょっとでもミスをすると「だからお前は使えねえんだよ！」と罵声を浴びせられたり、大刈りは私を目の敵にしてネチネチと嫌がらせを続けてきた。とんでもないパワハラ・モラハラ上司だ。

そのくせ大刈り自身は何の技術も持っていないのだから、目も当てられない。聞けば、シャバではろくにハサミも握ったこともない、アシスタント止まりの人間だったらしい。そんなヤツに頭を刈られるのだから、収容者からのクレームも後を絶たなかった。

一方で中刈りは、仕事のできる優しい人だった。背が高く薄い顔立ちで、物腰も柔らかい。年齢は私より2つほど下だが、10年以上美容師として働いていた中刈りは、作業に関してもそれ以外の生活に関しても頼れる存在だった。

「私、もう大刈りのこと我慢できないですよ」

何度かそう中刈りに泣きついたことがあるが、そのたびに、

「まぁまぁ。あの人もすぐいなくなりますから。もう少しの我慢です」

と私をたしなめてくれた。

大刈りからの嫌がらせを受け続け、私が爆発しそうになると中刈りが止めてくれる——そんなサイクルを何度か繰り返しながら、小刈りとしての研修期間は過ぎて行った。

# 第二章　理髪デビューと死刑囚の洗礼

## 死刑囚デビュー

辛い小刈り時代を乗り越え、私はようやく理髪作業を担当できるようになった。大刈りが出所していなくなった朝、作業場へ向かうと、中刈りが笑顔で出迎えてくれた。

「今日からガリさんも正式に理髪係ですね。大刈りもいなくなったことだし頑張ってもらいますよ」

「ありがとうございます。なんとか試練は乗り越えたって感じです」

「大刈りはほんとヒドかったですね。ガリさん、かわいそうだったなぁ」

「他人事みたいにやめてくださいよ」

中刈りは顔をくしゃくしゃにしながら、心底愉快そうに笑っている。

「中刈りがいてくれたお陰でなんとか耐えられました。少しずつサポートしながら、改めて仕事を覚えていきたいと思います」

「その必要はないですよ。ガリさんは技術的に何の問題もないから、もう合格です」

「でも、大刈りに見てもらったテストは毎回不合格でしたし……」

「いいんです。あれは、あの人が意地悪で合格出さなかっただけだから。それに、ガリさんもいろんな人切ってみたいって言ってたでしょ？」

「それは、たしかにそうです。興味本位と言われたらそれまでですけど……単純にどんな人たちが収容されてるのか気になってて」

「だったら、断る理由はないですね。ぶっちゃけ、俺も収容者《ガラ》切るの面倒くさくなってきた頃合いなんで」

　本気とも冗談ともつかない顔で、中刈りが本音らしき言葉を口にする。こういうセリフを飄々と言ってのけるところも、この人の魅力だ。

「そのうち死刑囚も切ってもらいますから。今のうちから気合い入れといてくださいよ？」

　軽いノリでそう言い添えながら、中刈りは作業の準備を始めた。

　舎房や運動での情報収集に、今まで以上に力を入れる必要がありそうだ。私は改めて、気合いを入れ直した。

中刈りのサポートをしながら、私自身も何人かの理髪作業を経験した。

初めは当然緊張したが、それまでに培った中刈りとの連携、そして信頼関係もあり、特に目立ったミスもなく仕事をこなすことができた。時にパブロに邪魔をされながらも、毎日舎房に戻ってからの反省を欠かさなかったことも功を奏したようだ。

少しずつではあるが着実に、私はこの特殊な仕事に慣れていった。

## ある男の噂

その日私と中刈りが理髪作業に出かけたのは、D棟にある特殊役場だった。あのメガネくんが衛生夫として働いているフロアである。

東京拘置所に設けられた特殊役場は、全部で4つ。

基本的に死刑囚や芸能人など〝特殊〟な収容者が入っており、配置される衛生夫も3人と、他のフロアより1人多くなっている。ニュースで目にする有名な容疑者・死刑囚が一堂に会するという、なかなかにパンチの効いた空間である。

特殊役場の収容者は、ハリウッド映画にでも出てきそうなスペシャルな独房に入れられているイメージだったが、部屋の作り自体は一般の未決勾留者とほぼ変わりはない。強いて違いを挙げるとすれば、一部の危険人物の舎房にはカメラがついて24時間体制で監視を受けるという点くらいだろうか。

「今日は特殊役場だから死刑囚が来ると思うんだけど、ガリさんに担当してもらおうかな」

始業の挨拶の際、私は中刈りにそう言われていた。

ついにきたか――。

覚悟はしていたが、いざ〝死刑囚〟という言葉を聞くと、額に嫌な汗が滲むのを感じた。

「D棟の特殊役場ってことは……誰が来るんですかね」

「どうだろう。理髪《ガリ》は別に強制じゃないし、希望した人が気まぐれで来るだけだからわかりませんね」

「そうか……」

「まあ心配ないですよ。今まで通り、一般のガラと同じようにやってればいいんだから」

青ざめていく私の表情を見兼ねてか、中刈りは明るく励ましてくれた。

「ありがとうございます。やってみます」

特殊役場に漂う雰囲気は、やはり他のフロアのそれとは一味違う。

死刑囚が放つ不穏な静けさか、あるいは諦念なのか、肌にまとわりつくようなどんよりとした空気が全身を覆っていた。

一般のガラを10人ほどこなしたあと、刑務官から「道具の配置を変更せよ」との指示があった。死刑囚がやってくる合図だ。

刈《が》り長《ちょう》先生、と呼ばれるこの刑務官は、私たちが担当する１区の理髪をすべて監督する職員だ。作業中は理髪室の後方に直立不動で張り付き、問題や不正が起きていないか常に眼を光らせている。

道具の移動を済ませると、刈り長先生がひとりの男を連れてきた。

部屋をキョロキョロと見回しながら入ってきた神経質そうな男――加藤智大死刑囚だ。

２００８年６月、秋葉原の歩行者天国にトラックで侵入した加藤は、歩行者を次々と轢殺。その後路上に降り立ち、持っていたナイフで無差別に人を刺した。７人が死亡、10人が重軽傷を負うという、凄惨な事件だった。

加藤死刑囚について、事前にメガネくんから情報は仕入れていた。

「加藤はとにかく神経質な男ですからね。ガリさんも十分に気をつけてください」

ある日の運動の時間、メガネくんはそう口にした。

「神経質か……そういう人は多いような気がしますけど、特にどこに気をつけるべきなんでしょうか？」

「音ですよ、音」

メガネくんは何か嫌な記憶を思い出したように顔をしかめながら、話を続ける。

「他の部屋から物音がしたり、廊下が騒がしかったりすると、大声を出して発狂するんです」

「特殊役場は揉め事も多いって聞きますからね。そりゃ騒がしい音に敏感になるのもわかる気がします」

「違うんですよガリさん。喧嘩みたいな大きな音はもちろんですけど、加藤は生活音レベルの些細な音にも反応しちゃうんです。ほら、独居の扉に食器口が付いてるじゃないですか？」

食器口とは、刑務官や衛生夫が食事を提供するときに使う小さな扉のことだ。

「あそこから食器を入れるときにちょっとでも音を立てると、もうアウトです」

「それだけで発狂しちゃうんですか？」

「そうです。気が済むまで怒鳴り散らして……機嫌が直るまでも長いですね。数日はかかります」

一見穏やかそうな外見とは、真逆のエピソードだ。


――よりによって、一発目が加藤かよ……。

連行されてきた加藤を見て途方にくれる私に、中刈りがそっと耳打ちをしてきた。

「加藤はちょっと厄介なガラだけど……まぁ、この人さえ攻略できればあとは怖いものなしですから」

そんな簡単に言われましても――と言い返したくなったが、ギリギリで思い留まった。中刈りの言う通りだ。今は落ち着いて、いつも通り仕事をこなすべきである。

頑張れよ、と同情を滲ませる中刈りの苦笑いに、私はこくりと頷いて見せた。

No.01

【判決】死刑

# 秋葉原通り魔事件　加藤《かとう》智大《ともひろ》

２００８年６月、秋葉原の歩行者天国に2トントラックで侵入した加藤。歩行者を次々と轢殺したのち、あらかじめ用意していたダガーナイフで無差別に人を刺した。7名が死亡、10名が重軽傷を負うという、凄惨な事件だった。


「こちらへどうぞ」

意を決して、鏡の前に設置された席を指し示す。

「お願いします」

身をよじるようにして頭を下げ、加藤は理髪用の椅子に腰を落ち着けた。

改めてその姿を確認すると、テレビの報道で目にしていたよりもずいぶん痩せ細って見えた。頬は痩け、目は落ちくぼんでいる。顔全体に落ちた深い影が、この男の神経質な内面を際立たせていた。

死刑の執行は、当日の数時間前に告知される。以前はもう少し前もって知らされていたらしいが、現在は囚人の心理的なストレスを考慮してギリギリの告知としているようだ。

しかし逆に言えば、死刑囚は常に「いつ執行されるかわからない」という恐怖と隣り合わせで暮らしているということでもある。彼らにとってどちらが望ましい方法なのか。その心情を推しはかる術を、私は持ち合わせていない。

すべてを諦め、ただ死刑執行のその時を無気力に待っている男——初めてしっかり面と向き合った加藤死刑囚からは、そんな印象を受けた。

メガネくんから聞いていたような凶暴な男には見えないし、ましてやこの男があの凶悪事件の犯人だとは到底思えない。誤解を恐れずに言えば、どこにでもいる真面目そうな青年といったところである。

椅子に座った加藤と、鏡越しに目が合う。

——大丈夫だ、落ち着け。

自分に言い聞かせ「どうしますか?」とオーダーを聞くと、

「前五部《まえごぶ》で」

という返事が返ってきた。これは刑務所用語でスポーツ刈りを意味する言葉だ。スポーツ刈りなんて、いつも通りやれば何も難しい注文ではない。ものの数分で終わる仕事だ。

さらに私はこの時に備え、入念なイメージトレーニングも積んでいた。メガネくんに話を聞いて以降、加藤の動向を意識的に目で追うようにしていたのだ。この男は何に喜び、どんなことに腹を立てるのか。中刈りが加藤を担当する日は横でサポートをしつつ、加藤と、そして中刈りの一挙手一投足を入念に観察した。

中刈りは元々優秀な人間なので、加藤からクレームが入ることはなかった。バリカンの電動音からすきバサミの開閉音まで細かく気を配り、スムーズかつ迅速に作業をこなした。そして私はそんな中刈りの動きを、徹底的に頭に叩き込んだ。

「承知しました」

私は小刻みに震える手で、バリカンに手を伸ばした。


加藤の頭に、刃を入れていく。

ジョリジョリという心地良い振動が、バリカンを通して右手に伝わってきた。しかし今は、その感触を味わっている場合ではない。素早く、そして丁寧に、私は忙しなく手を動かし続けた。

半分ほど作業が進んだあたりで、ある違和感に気がついた。さっきまであれほど落ち着きなく身体を動かしていた加藤が、微動だにしていないのだ。

鏡越しに、ちらりと様子を窺う。

真っ黒な、ガラス玉のような目が、こちらを凝視していた。


――なんだ？　何かミスっちまったか？

全身の毛穴が開き、冷や汗が吹き出す。

しかし何かを訴えかけてくる様子はない。私は平静を装い、黙々と作業を続けた。

加藤はまるで練習用のマネキンのように、身じろぎひとつしなかった。ガラス玉のような目は相変わらずこちらを見つめ続け、まばたきもない。醸し出す雰囲気も表情も、部屋に入ってきたときとは明らかに別人だった。

おまけに後ろには、刈り長先生と中刈りの監視の目が光っている。理髪室には、異常なほどの緊張感が漂っていた。

酸素が上手く取り込めず、頭がぼーっとしていた。正直言ってこのときのことは、今になってもあまり思い出すことができない。極度の緊張と集中で、記憶が曖昧なのだ。とにかく早く終わってくれ、と思いながら、ジリジリとした時間の中私は手を動かし続けた。

「以上です。お疲れ様でした」

やっとの思いで作業を終え、吐き出すように加藤に告げた。

「あっ、どうも……」

おどおどと立ち上がる加藤の目にはいつの間にか光が戻り、部屋に入ってきたときと同じく、神経質で弱々しい雰囲気の男がそこにはいた。

「帰るぞ」

刈り長先生が加藤を連れて、部屋を出ていく。

「カンペキでした。お疲れ様です」

小声で労ってくれる中刈りの声を遠くで聞きながら、私は呆然と立ち尽くしていた。

――やっと終わった……。

汗で身体に張り付く舎房着が煩わしい。

冷えた汗で体温が奪われたのか、あるいは緊張の名残りだろうか。体の震えは、作業が終わってからもしばらく取れなかった。

## その後の加藤死刑囚

出所までの約2年間、私はその後も何度か加藤死刑囚の理髪を担当した。

加藤は2回目の理髪まではマネキン人形状態だったが、3回目以降は多少人間味のあるような行動もとるようになった。いくらかは私のことを信用してくれるようになったのかもしれない。

ある日の理髪作業中、加藤はか細い声で私にこう尋ねてきた。

「髪が薄くなっていませんか?」

加藤は始めと終わりの挨拶以外に余計なことを口にするタイプではなかったので、私は驚きを隠せなかった。

正直言って、少し前から加藤の頭髪が異常をきたしていることには気づいていた。100円玉サイズの円形脱毛が、後頭部に目立つようになっていたのだ。最初は数箇所だった脱毛がみるみる10箇所ほどに増え、頭皮は赤くただれ、何度も掻きむしった痕があった。

　その時期にはちょうど、施設内で「そろそろ加藤の死刑が執行されるのでは」という噂が流れていた。加藤は現行犯で逮捕されているため再審もない。また世間的にも大きく認知されている事件なので、見せしめ的な意味合いも込め、早めに執行されるだろうと全員が踏んでいたのだ。

　――噂が、加藤本人の耳にも入ったのかもしれない。

　私は直感的にそう思った。というか、そう思わざるを得ないほど、加藤の頭皮には苦悩と恐怖が入り混じった極限の精神状態が表れていた。

　正直に言おうかとも思ったが、結局私は、

「いえ、変わりないですよ」

　と返事をした。

　これ以上彼に精神的な負荷をかけるのは得策ではないと思ったのだ。

「最近の加藤は荒れてるみたいなんで、気をつけてください」

　と直前にメガネくんに言われていたことも大きかった。

加藤の死刑は、大方の予想から3年ほど遅れて執行された。

私が出所した後の話だ。


また別の日には、加藤の左耳の裏をバリカンで切って出血させてしまったこともあった。

痩せている人や皮膚が薄い人を担当するときは、気をつけていないとバリカンの刃で耳の裏の皮膚を巻き込んで切ってしまうことがある。稀にしか起こらない事故ではあるが、よりによって加藤相手にケアレスミスを犯してしまった。

あっ、と思った瞬間にはもう遅かった。

加藤はびくっと身体をよじり、表情を引き攣らせた。

――ヤバい、終わった。

私は一瞬で覚悟した。

作業でミスをして死刑囚が暴れでもしたら、一発で調査・懲罰に飛ばされてしまう。そして一度でも飛ばされた人間は、基本的にはもう元の作業をさせてもらえることはない。さらに刑期に関しても、最短でシャバに出るという道は閉ざされてしまう。

刈り長先生に訴えるか、この場で直接私に襲いかかってくるか――向こうの出方を見るために身構えたが、意外にも加藤は何のアクションも起こさなかった。

――あれ、見逃してくれたのか？

幸い、垂れてくるほどの出血はなかったため、適宜血を拭き取りながら私は何事もなかったかのように作業を続けた。

この件に関して加藤がなぜ、お咎めなしで済ませてくれたのか？

その真相は結局わからないままだったし、今となってはもう確かめようもない。

「死刑囚が見せた優しさ」なんて変な言い方だし語弊もありそうだが、あながち全く無い話でもないのではないか――どうも私には、そう思えてしまう出来事だった。少ないやり取りの中で、私は一瞬だけ加藤の〝人間〟の部分を見た気がした。

なぜこの男が通り魔なんか――その疑問が頭から離れず、私は出所後に加藤の生い立ちを調べたことがある。そこで得た情報によると、加藤は幼少期、厳格な両親のもとで異常なまでにシビアな教育を受けていたようだ。

勉強ができないと風呂に沈められたり、わざと床に落とされた食事を「食べろ」と命令されたり、そのような虐待は日常茶飯事だったらしい。そこで溜め込まれた強烈なストレスや苛立ちが、彼の心に渦巻く闇を形作っていたのかもしれない。

## 初めて死刑囚を切った夜

初めて加藤の理髪を担当した夜のことは、今でも鮮明に覚えている。ヘトヘトの身体で舎房に戻ると、私は力なく座り込んだ。長い1日がようやく終わったという、心地良い満足感が全身を満たしていた。

「どうしたのガリくん、やけに疲れてるじゃん」

そんな私を目ざとく見つけ、パブロが声をかけてくる。

「聞いてくださいよ。実は今日、初めて死刑囚を切ったんです」

この頃になると私は、パブロともかなり打ち解けた関係になっていた。仕事柄たくさんの情報を持ち、また部屋でのコミュニケーションも積極的に取ってくれるパブロは、私にとって頼れる存在であるのと同時に、数少ない気を許せる仲間でもあった。

「マジか！　誰切ったの？」

「よりによって加藤ちゃんかよ！　暴れなかった？　大丈夫？」

「加藤です」

何かを期待するように、パブロが顔を近づけてくる。

「パブロさんが期待するようなトラブルは起きてませんよ。無事、全部終わりました」

「なんだよつまんないなー」

大げさに落胆をして見せるパブロ。

いつもなら適当に受け流してしまうところだが、その日はそういう気分でもなかった。

「でもひとつだけ怖いことがあって。理髪が始まったら加藤の目が……」

と、ついつい話を続けてしまった。なんだかんだ言って、私も誰かに話を聞いて欲しかったのだ。

アドレナリンが出ていたのか、その夜は消灯の時間になってもなかなか寝付くことができなかった。

## 情報通のヨコハマさん

最初の難関である加藤死刑囚をクリアしたことは、理髪係としての自信に繋がった。

「加藤さえ切れたら問題なしだから」

という中刈りの言葉は、あながち間違いではなかったようだ。

また加藤の一件は、「死刑囚とはどんな人たちなのだろう」という私の興味に拍車をかけることにもなった。改めて考えると、死刑囚の髪の毛を切るなんてそうそうできる経験ではない。シャバではまず接することのできないタイプの人間が他にも大量に控えていると思うと、不謹慎かもしれないが私の好奇心は刺激されるばかりだった。

仕事に慣れてきたことで、徐々に周りが見えるようにもなった。

一番関心があったのは、衛生夫の仕事だった。刑務官に付いて回って収容者の世話をする衛生夫は、理髪係と同様かそれ以上に死刑囚たちと関わる機会の多い仕事だ。舎房での様子など、私たちが知ることのできない収容者の姿を見ることも多いだろう。

特殊役場を担当する衛生夫のヨコハマさんとは同じ房で顔を合わせる機会も多く、自然と仲良くなった。フロアに流れているＦＭヨコハマのラジオが好きな人だったので、私の中で勝手にヨコハマさんと呼んでいた。

ある日、私はヨコハマさんに「衛生夫の仕事って、手伝ったりできるんですかね？」と相談してみた。単純な興味に加えて、いい情報収集にもなるだろうと踏んだのだ。

死刑囚に限らず、加藤のように厄介な収容者は他にもたくさんいるはずである。情報は多く集めるに越したことはないだろう。

「衛生夫を手伝う？　ガリくんもほんと物好きだねぇ」

私と同い年のヨコハマさんは鼻が高く、どこか日本人離れした顔立ちをしている。彫りの深い、真面目そうな表情から読み取れる情報は多くはないが、その声色からは驚きが溢れていた。

「できるだけ収容者の情報を集めておきたくて。それに、仕事が早く終わっちゃった日は意外とやることがないんですよ」

「基本的に他の仕事をすることはNGのはずだけど……まあ、ガリくんは先生たちとの信頼もあるだろうしいいんじゃない？　手伝ってくれたらそのフロアも助かるだろうし」

刑務官の承諾は、もちろん事前に得ていた。


衛生夫の仕事を手伝うなかで、私はとある噂を耳にした。東京拘置所に収容されている〝生きる化石〟についての噂だ。

ある日の作業後、ヨコハマさんはそっと尋ねてきた。

「ガリくんは、坂口死刑囚の担当したことある？」

「いえ、まだないですね。どんなガラなんですか？」

「あさま山荘事件の首謀者のひとりだよ。もう70歳を過ぎてる人なんだけどさ」

あさま山荘事件。１９７２年、長野県・軽井沢にある「浅間山荘」に連合赤軍の残党が人質と共に立てこもり、死者3名、重軽傷者27名を出した大事件だ。

機動隊との壮絶な攻防や鉄球で山荘の破壊を試みる映像は連日テレビでも取り上げられ、世間の大きな注目を集めた。

「あの事件って、かなり前のことですよね？　まだ死刑執行されてないんですか」

「もうかれこれ40年は拘置所《なか》にいるんじゃないかなあ。もはや伝説上の存在だよ」

「その坂口が、どうかしたんですか？」

「俺は直接担当したことはないから詳しく知らないんだけどね……彼が〝飲尿療法〟を信じてるっていうのは、ここでは割と有名な話なんだよ」

「マジっすか……本当にそんなことやってる人がいるんですね。っていうか、そんなことが受刑者に許されるんですか？」

「まあ彼は死刑囚だし、入ってる期間も長いしさ。ある程度の融通は利かせてもらえてるんじゃない？」

「融通って……そんなレベルの話なんですかね？」

ヨコハマさんが口にした噂は、にわかには信じがたいものだった。

そんなガラが、本当に存在するのか——私がその答えを知ることができたのは、思ったよりも早いタイミングだった。

No.02

【判決】死刑

## あさま山荘事件　坂口弘《さかぐちひろし》

1972年、長野県・軽井沢にある「浅間山荘」に連合赤軍の残党が人質と共に立てこもり、死者3名、重軽傷者27名を出した大事件。鉄球で山荘の破壊を試みる映像は連日テレビでも取り上げられ、世間の大きな注目を集めた。

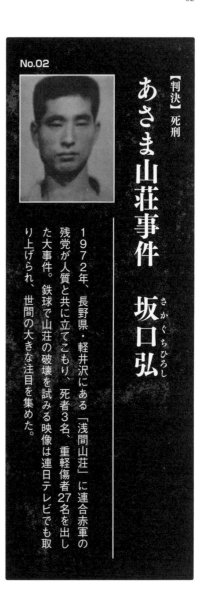

その男が坂口死刑囚だということは、すぐにわかった。

理髪室に入ってきた瞬間、強烈なアンモニア臭が鼻をついたのだ。連行してきた刈り長先生も、これでもかと顔をしかめている。ただでさえ険しい顔を真っ赤に染め上げ、今にも大声で暴れ出してしまいそうだった。

40年以上も拘禁生活をしていれば、自然と足腰も弱くなっていくのだろう。坂口は、椅子に座るのもひと苦労という様子だった。手足は痩せ細り、発話もおぼつかない。

しかしその表情だけは、今なお鋭さを失っていなかった。

事件当時、マレーシアのアメリカ大使館を人質に取った赤軍の仲間は、人質解放と引き換えに拘禁されている坂口弘の釈放を要求した。日本政府はそれに従う方向性を示したが、坂口弘本人が釈放を拒んだという話が残っている。

そんな伝説を思い起こさせるような鋭い眼光が、細い一重まぶたの奥から私をじっと見つめていた。

オーダーを聞くと坂口は、

「七三分けのすそ刈り」

と短く答えた。

下の方を刈り上げた、オーソドックスな短髪だ。きっと40年以上ずっと、このオーダーを続けてきたのだろう。坂口の口調からは、そんな風格さえ漂っていた。

ちなみに2回目以降私は、坂口にオーダーを聞くときには「髪型どうしますか?」ではなく、「いつも通りでいいですか?」と聞くようにしていた。常連を手厚くもてなす飲食店のように振る舞うことで、この男のプライドを少しでも刺激しないようにしようと考えたのだ。長く入っている収容者は、拘置所を家だと思い込んでいる節がある。だからあまりにもよそよそしく接していると「俺のことを知らないのか!」と怒り出してしまうガラも少なくない。

坂口がそうやって私にキレてきたことはなかったから、一応この作戦は功を奏していたのだろう。

そんなことはさておき、問題は坂口の強烈なアンモニア臭だ。

坂口の背後に立ち、白い髪を櫛《くし》で持ち上げると、たちまちツンとした刺激臭が立ち上ってきた。この男は自らの尿を飲むだけに留まらず、髪の毛にもベタベタと塗りたくっているのだ。私は一応マスクをしていたが、こんな薄い布切れ一枚では全く話にならなかった。

――これは辛い戦いになるぞ……。

さっき食べた昼飯がせり上がってくるのを必死にこらえながら、私は腹を括った。

理髪室にはシャンプー台が備え付けられているが、これをガラに使うことはない。あくまでもハサミなどの道具を洗浄するためのものなのだ。

そのため、理髪前に坂口の髪を洗うことも当然許されなかった。

櫛を通すたびに不快な臭いが鼻をつき、次第に道具やゴム手袋はヌルヌルになる。当然これらの道具はすべて、坂口専用に準備されたものだった。理髪後は入念に洗浄・消毒が行われ、カットクロスも交換して洗濯に回す。これが、坂口を担当したあとの理髪係のルーティーンだった。

これもマトモな人間になるための試練のひとつだ――そう自分に言い聞かせ、私は無心で作業を進めるしかなかった。それでも何度か担当していると徐々に鼻が慣れてくるのだから、人間の適応力というのは末恐ろしい。

もっとも、「今日は坂口だ」とわかったときにどうしても気分が落ち込んでしまうのは毎度のことだったが……。

初めて坂口を担当した日、夕飯が喉を通らなかったことは言うまでもない。

後日ヨコハマさんに一部始終を報告すると、彼は「それは災難だったねぇ」と嬉しそうに笑っていた。

No.03

【判決】死刑

## 群馬県連続強盗殺人事件　高根沢智明《たかねざわともあき》

２００３年2月、高根沢は共犯の男と共に群馬県内にあるパチンコ店の従業員を殺害。店の金庫から現金３００万円を奪い、埼玉県の川に死体を遺棄した。また同年4月にも同様の手口で殺人を行っている。

つらい理髪といえば、高根沢智明死刑囚も強く印象に残っている。

２００３年２月、当時54歳だった高根沢は共犯の男と共に群馬県内にあるパチンコ店の従業員を殺害、鍵を奪うと店の金庫から現金３００万円を奪い、そのまま埼玉県の川に死体を遺棄した。また同年4月にも、同じような手口でパチンコ店従業員の殺害と死体遺棄を行っている。

世間ではあまり知られていない死刑囚かもしれないが、高根沢は施設内では有名だった。いい意味ではなく、悪い意味でだ。

平たく言えば、高根沢は厄介なクレーマーだった。

ヤクザではないが刺青が入っており、チンピラ風のいかつい風貌をしている。態度もやけに高圧的で、「もっと生活の処遇を良くしろ」とあらゆるわがままを言い、刑事施設視察委員会や東京拘置所長宛に頻繁に意見書を提出していたらしい。

部長課長クラスが高根沢の部屋で激しい言い合いをしてるのをよく目にしたが、職員たちもかなり手を焼いていたようだ。

「自分が死刑囚だってことを理解してるのかね？」

横暴な高根沢の振る舞いを見て、ヨコハマさんが作業中に耳打ちをしてきたことがある。

「本当ですよね。しかも判決が受け入れられないのか、再審請求してるらしいですよ」

「普段の人間性を見てたら、正直同情なんてできないよ。あの人がゼロ銭なのも、納得できるって感じだな」

ゼロ銭とは、現金を差し入れてくれる人がおらず、金を持っていない囚人を指す刑務所用語だ。ゼロ銭の人間は人望がないとされ、施設内ではバカにされる対象となる。

たとえばヤクザの親分クラスであれば大量の現金や品物が差し入れられ、メンツを潰さないために組織が全力で気を配る。ある種の見栄を張っているのだ。

しかし高根沢には、そういった後ろ盾はないようだった。そのため、彼は拘置所内で購入できるカップラーメンやお菓子類のためにせっせと紙袋を折る作業をし、日銭を稼ぐはめになっていた。私が仮作業期間にやらされていたのと同じ作業だ。死刑囚であっても希望さえすれば、刑務作業を行うことはできるのである。

ヨコハマさんの言う通りあまり同情はできなかったが、時給20円ほどで紙袋を折る高根沢の背中には、世間から見放されてしまった死刑囚の孤独が滲んでいたことだろう。

高根沢のクレーマー体質は、理髪作業にもしっかりと影響していた。

彼が希望する髪型は、決まって角刈りだった。それも、そんじょそこらの角刈りではない。

昔のヤクザ映画に出てくるような、ピンピンに尖った真四角の角刈りである。

角刈りは理容師にとって基本中の基本の髪型であり、また同時に、一番難しいとされている髪型でもあった。シンプルなだけに、どこにも誤魔化しがきかないのだ。

そんな角刈りとクレーマー・高根沢の組み合わせは、言うまでもなく最悪だった。

髪の毛1本の切り残しも許されず、左右の長さもきっちり同じでなければいけない。毎回細かく注文がつけられるため、高根沢の理髪時間は20分以上——通常の収容者の2、3倍もの時間がかかった。

ここはあくまで東京拘置所内の理髪室であって、シャバの床屋ではない。最低限の道具で綺麗な角刈りを作るのはかなり難しく、高根沢の理髪はかなり骨が折れる作業だった。

「下手クソ!」「理髪師やめちまえ」「お前なんかに触られたくねぇよ」などと暴言を吐かれた理髪係が過去に何人かいた、と中刈りが言っているのを聞いたことがある。幸い私にはそんな経験はなかったが、もしそうやって暴れられたら、下手したら懲罰行きだ。

そういえばこの人は過去に〝加藤死刑囚が切れたら他は怖いモンなしだよ〟と言っていた

が、あれは何だったんだろうか……。

高根沢の理髪は、出所までに何度か経験した。

出所が近づいたある日、いつも通り髪を切っていると、

「ガリくん、出所しちゃうんだって？　君は上手だったから行かないで欲しいなぁ」

と謎のツンデレをかまされたことをよく覚えている。

最初から最後まで、何だかよくわからない人だった。

No.04

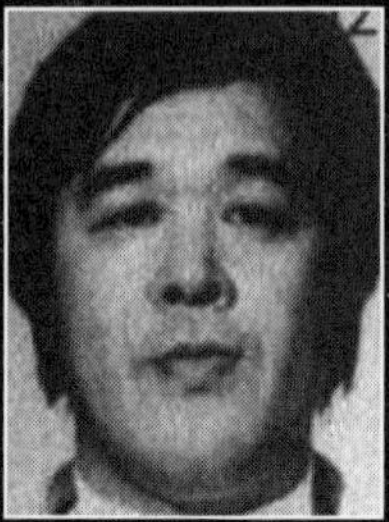

【判決】死刑

## 山中湖連続殺人事件　猪熊武夫《いのくまたけお》

不動産事業に失敗し、多額の借金を抱えていた猪熊。１９８４年、元警察官である共犯者らと共に、自らが所有する別荘に資産家を呼び寄せ殺害。現金などを奪った。犯行グループは同様の手口で2件の殺人を犯している。

猪熊武夫死刑囚は、１９８４年に起きた金銭目当ての連続殺人事件の犯人のひとりだった。不動産事業に失敗し多額の借金を抱えていた猪熊は、自身が所有していた山中湖の別荘に資産家を誘い込み、共犯者らとともにこれを殺害したのだ。

死刑囚という重苦しい言葉とは裏腹に、猪熊はどこか間抜けな印象のある男だった。

大きな図体におっとりした表情が特徴の彼は、どちらかと言うと陽気な人間の部類に入るだろう。ことあるごとに「どうもすみません」と謝るのが口癖で、私たち受刑者からは陰で〝どうもすみませんオジサン〟と呼ばれていた。


「どうもすみません、どうも、どうも……」

理髪室に入ってくるなり、猪熊死刑囚はいつもエンジン全開である。お得意の口癖を連呼しながらドカッと腰を下ろし、我々理髪係が動き出すのをじっと待つのが常だった。

衝撃的だったのが、いつものように髪型の希望を聞いたある日、猪熊が私に言い放ったひと言だ。

「髪型、どうしますか?」

私が尋ねると、彼はこちらの目をじっと覗き込みながらこう言った。

「どうもすみません」

ただの口癖も、ここまでくるとちょっと異常だ。

私はさすがに腰を抜かしそうになった。

猪熊は他の死刑囚に比べると口数も多い方で、後ろに立っている刈り長先生によく話しかけていた。

だが、肝心な話の内容はまったく思い出すことができない。

「どうもすみません」の件から薄々勘づいてはいたことだが、この男、どうも発言内容に感情がこもっていないのである。

初めは特に害もなく、ただ陽気なだけの死刑囚かと思っていたが、もしかしたらこういう得体の知れないタイプが一番怖いのかもしれない――そのことに気づいてしまってから、猪熊の理髪中には、他にはない独特の緊張を感じるようになってしまった。

## 死刑囚のケツ毛カット

加藤、坂口、高根沢、そして猪熊……。死刑囚を何人か担当したことで、彼らが持っている共通点が徐々に浮かび上がってきた。それは、彼ら死刑囚の暮らしは一般の収容者に比べ、かなり融通を利かせてもらっているということだ。

猪熊はまだいいとしても、加藤や高根沢の乱暴な態度、そして坂口の飲尿療法など、一般の収容者・受刑者ではまず許されることのない例外だらけなのである。

またある時は、死刑囚のケツ毛を切らされたこともある。

「ケツの毛が気になるんで、ついでに切ってもらえませんか？」

理髪の時間に、いきなり死刑囚がそう申し出てきたのだ。助けを求めるように刈り長先生の方を見ると、彼はあろうことか〝やれ〟という目配せをこちらに送ってきている。

――おいおい、マジかよ。

私は仕方なく、壁に手をついてこちらに尻を突き出す死刑囚のケツ毛をカットした。

こんな経験は、後にも先にもこの1回きりである。


「死刑囚というのは、死刑を以って刑が確定するという考え方なんですよ。だから拘置所内で執行を待っている段階では、あくまで未決囚という扱いなんです」

法律に詳しいメガネくんに聞いたところ、彼はそのように説明してくれた。

「だからって、ちょっと優遇されすぎなんじゃないですかね？　普通に考えたら、最も刑が重い死刑囚こそ厳しく管理されるべきなんじゃないかって思うんですけど」

「ガリさんの言い分もわかりますが……あとは、単純に暴れられたりしたら面倒だっていう事情もあるとは思いますよ」

「面倒、ですか？」

「死刑囚によっては、冤罪を争ってる人もいますよね？　そういう人のバックには人権団体が付いてるケースもあって、いろいろとややこしいみたいです」

「死刑囚が不当な扱いを受けている……とか、そういう訴えが起こる可能性があるってことですか？」

「そういうことです」

――理解はできるが、納得はできない。

メガネくんの解説に対して私が持った感想は、このひと言に尽きる。

またメガネくんの説と合わせて、拘置所内が番手社会であるという点も、死刑囚が幅を利かせることができる理由のひとつだと言えるだろう。長く入っている人間こそが偉く、かつ刑務官たちとの近い関係性も生まれやすい。

それがわかったところでどうにもならないが、私の中にちょっとした違和感が芽生え始めたのは事実だった。

## パンツ大事件

冬場は週2回、夏場は週3回。

私たち受刑者には、必要最低限の入浴しか許されていなかった。

理髪係のように身体を動かして汗をかきやすい作業に配役された者は、暑い時期には「洗体」といって毎日シャワーができたり、冬には足だけにお湯をかけることもできたりもしたが、所詮は「無いよりはマシ」といった程度の処遇だった。特に洗体は石鹸を使うことができないため、むしろ面倒でしかないと感じている受刑者もいたぐらいだ。

私自身も元美容師として、毎日髪の毛を清潔に保つことができないというストレスはそれなりに感じていた。

独居フロアには、各階に4部屋ずつシャワー室が設けられている。小さな浴槽とシャワーが備え付けられた、簡素な作りの部屋だ。

入浴日には作業に出かけた先のフロアでシャワーを浴びてから、各々の舎房に帰っていく。ちなみに雑居フロアの場合は、街の銭湯のような浴場に集まって入浴を済ませるというシステムだ。

その日は入浴日で、私は洗濯に出していた綺麗な下着に着替えて自分の舎房があるフロアに戻った。入浴後はすぐに号令がかかるため、区のメンバー全員が集合していなければならないのだ。

ビシッと整列し刑務官の話を聞いている間、私は股間のあたりに違和感を覚えた。

――なんだこれ…痛てぇ……！

まるで強力な制汗スプレーでも振り掛けられたみたいに、股間がピリピリと痛みだした。痛みは徐々に強くなり、耐えられないほどに膨れ上がる――私は思わず顔をしかめ、焼けるような皮膚の感覚に悶絶した。

「そこ、真っ直ぐ立て！　具合でも悪いのか？　あ？」

「いえ、すみません……大丈夫です」

なんとか声を絞り出す。

ふと横を見ると、こちらを向いてクスクス笑っているパブロの姿が見えた。

――間違いない、こいつが犯人だ……！

衛生夫のリーダーであるパブロは、係が洗濯した綺麗な衣類を各持ち主に振り分けるという仕事も担当している。おそらくパブロは、係から受け取った私のパンツになんらかの細工をしてこちらに寄こしたのだ。

大方、処方されたスースーする塗り薬を股間の部分に塗り込んだのだろう。

「ちょっと勘弁してくださいよ！　あんなの耐えられないですって！」

舎房に戻ると、真っ先にパブロに詰め寄った。

「ごめんごめん。ガリくんがあまりにもいい顔するから、俺も笑っちゃってさ」

微塵も反省していない様子で、パブロはへらへらと笑っている。

普段からイタズラ好きなパブロとはいえ、今回ばかりは割と本気で腹が立っていた。あれで私が懲罰にでも行かされていたら、どう責任を取るつもりだったんだろうか。

一瞬、本気でキレてやろうかとも思ったが、

「今回はさすがにやりすぎたね。あー、おもしろかった」

などと人懐っこい笑みを浮かべるパブロを見ると、怒鳴る気力も失せてしまった。

「これ、僕のお気に入りのパンツだったんすよ」

「うわ、よく見たらカルバンクラインじゃん」

懲役囚の着る物には厳しい取り決めがあり、その色から素材に至るまで、少しでもルールから外れた物は絶対に着ることが許されない。その上着用できる枚数にも決まりがあり、ど

んなに寒い時期でも一切の例外は認められなかった。

しかしそんな中で唯一、パンツだけはある程度自由な物を履くことができた。だから私たち懲役囚はシャバの知り合いに頼んでちょっと良いパンツを差し入れてもらい、舎房着の下でなけなしのオシャレを楽しんでいたのだ。


「でもよく考えたらさ、ちょっと滑稽な状態だよね」

パブロは急に、冷静なセリフを口にする。

「何がですか?」

「パンツみたいなどうでもいいところで見栄張っちゃったりしてさ。厳しい校則をかい潜ろうとする中学生みたいだと思わない?」

「たしかに、それは言えてますね」

「待てよ……ってことはガリくん、お気に入りのパンツじゃなければスースーさせちゃってもいいってこと?」

「なんでそうなるんですか。そんなワケないでしょう」

拘置所の中とは思えない、賑やかな夜だった。ついこの間までは加藤死刑囚の理髪であんなにピリついていたのに、あまりのギャップになかなか頭が追いつかない。自分がいま、どれだけ特殊な状況に置かれているのか――この「パンツ大事件」を通して、私は図らずもそのことを再認識することになった。

No.05

【判決】死刑

## 元厚生事務次官宅連続襲撃事件　小泉毅《こいずみたけし》

２００８年11月。小泉毅は「過去に誤って殺された飼い犬の仇討ちをする」として、保健所のトップである厚生事務次官宅を相次いで襲撃。死者２名、重傷者１名を出すという大事件に発展した。

事件が連日ニュースで取り上げられていた当時から、小泉の顔はよく覚えていた。西郷隆盛を少し細身にした感じと言えば伝わりやすいだろうか。特徴的な濃い顔立ちは不思議と印象に残っていたため、理髪室に入ってきた瞬間から小泉死刑囚その人だとわかった。

身長は160センチ台くらいで、思ったよりも小柄だな、というのが初対面のときの率直な印象だった。

2008年11月。小泉は元官僚の自宅を相次いで襲撃し、死者2名、重傷者1名を出すという大きな事件を起こした。警察は連続テロを疑い捜査に乗り出したが、後日警視庁に出頭した小泉が語った動機は、「過去に殺された飼い犬の仇撃ち」というものだった。

小泉は子どものころに犬を飼っていたが、ある時その飼い犬が野犬と間違わられ、保健所に殺処分されてしまった。その長年の恨みをはらすため、小泉は保健所のトップである厚生事務次官宅を次々と襲ったというのだ。

飼い犬を思う気持ちはわかるが、正直一般的な感覚からすると異常な事件だと言わざるを得ない。

小泉は極度の潔癖症で、他の収容者の物と一緒に自分の衣類が洗濯をされるのを嫌がるなど、細かいこだわりを随所に見せていた。そのような噂を事前に耳にしていたということもあり、私は「この死刑囚は只者じゃないぞ」と最初から覚悟をして小泉と接することに決めていた。

そして、その感覚は正しかった。

初めて小泉にバリカンを入れたとき、彼はすぐさま、

「痛ぇよ」

と威嚇するように苛立った声を出した。

頭皮へのバリカンの当たりが強すぎるというのだ。本当に強いと感じたのか、初めて担当する私に対してかましを入れてきたのかはわからない。

ただ、今までそのような指摘は一度も受けたことがなかったため、私は後者の方だったのではないかと密かに疑っている。

小泉は常に6ミリの丸刈りを希望していたが、東京拘置所で唯一「えり付け」の注文をしてくる死刑囚でもあった。

えり付けとは、うなじやもみ上げ周りのムダ毛を綺麗に整え処理する作業のことだ。普通の収容者であればこのようなオプションが付くことはないが、小泉にだけはなぜか許されていた。これもまた、死刑囚に対する特別待遇の一例だ。

うっかりえり付けを忘れて作業を終えようものなら小泉は、

「えり付け忘れてんだろ」

と鬼の形相でこちらを睨みつけてくる。

ガラとトラブルになってもメリットはないため、私は大人しく「すみません」とえり付けをするしかなかった。頭では仕方ないとわかっていたが、一方で胸の奥には、どこか釈然としない気持ちが渦巻いていた。

このように問題の多い小泉死刑囚の部屋には、監視カメラが取り付けられていた。いくら死刑囚であっても、監視カメラ付きの部屋に入れられる囚人の数は限られている。

このことからも、施設全体がいかに小泉を要注意人物として扱っているのかが窺い知れた。

## 受刑生活で芽生えた違和感

死刑囚への過度な特別扱いと、それに対する違和感。

東京拘置所のリアルな実情をひと通り見てきたことで、「本当にこれが正しいあり方なのか？」という私の疑問は、もはや決定的なものになりつつあった。

理髪係を続けてれば、いろいろと思うところも出てくると思うよ――私は、収監されてすぐにパブロからかけられた言葉を思い出していた。パブロの言っていた〝思うところ〟というのは、この何とも言えない違和感を指していたのだろうか。

「最初に言われてた通り、僕も〝これでいいのかな？〟って思う瞬間が段々と増えてきました」

私は思い切って、胸の内をパブロに打ち明けてみた。

簡単に答えが出る問いではないことはわかっていたが、それでも誰かに聞いてほしかったのだ。

「どうしたのよ急に？　まさか、ガリくんもとうとう気付いちゃった感じ？」

待ってましたと言わんばかりの表情で、パブロは続きを促す。

寒い冬の舎房の中、白い息を吐きながら、私は上手くまとまらない頭でぽつりぽつりと話を始めた。

「この部屋に入ってすぐのころ、理髪係を続けてれば色々と感じることもあるんじゃないかって僕に言いましたよね？」

「覚えてるよ。それで、何か感じることがあったんだ？」

「はい、まだ上手く言葉にできてないですけど……とにかく、わがままが許される死刑囚たちの姿を見て、最初は意外だったんです。死刑囚って、勝手に厳しくされるもんだと思ってたから」

「わかるよ。俺も入るまではそう思ってた」

「途中から、まあそんなもんかって無理やり自分を納得させることにしました。別に僕が何か言ったところで何かが変わるわけでもないし、これがずっと続いてきた現実なんだろうって。だけど……」

「だけど？」

「最近、ヤバいガラを立て続けに何人か担当したんです。舎房でも話したかもしれないですけど、極端なわがままを聞かされて、職員もなぜかそれを黙認してて。パブロはそういう死刑囚の実態を、どういう風に受け止めてますか？」

それは難しい質問だなぁ、と頭を掻きながらも、パブロはなんとか言葉を振り絞って質問に答えようとしてくれた。

「どうだろうなぁ……自分がどうにかできる話でもないし、俺らは個人個人が適当に折り合いをつけてやってくしかないと思うけど」

「やっぱりそうですよね。僕、どうしてもこの違和感を無視できなくなっちゃって」

「理髪の仕事は、もう辞めたくなっちゃった？」

「いや、この仕事自体は好きなんです。好奇心は満たされるし、一応やりがいみたいなものも感じてはいます。楽しいって言うと変だけど、毎日充実はしてるんです」

パブロは珍しく、茶化さずにうんうん、と話を聞いてくれた。

衛生夫のリーダーを務めるこの人自身も、きっと私と同じような違和感にぶつかってきたのだろう。

「ごめんなさい、自分も犯罪者のクセに偉そうに語っちゃって」

「いいんだよ。特に俺らみたいな仕事の人間は、誰もが思うことなんじゃないかな。まだ出所まで時間はあるし、ゆっくり向き合ってみたらいいよ」

「そうしてみます。自分なりの折り合いがついたら、また報告させてください」

「いいけど、次回の相談は有料だよ？」

冗談っぽくケタケタと笑うパブロ。

答えが出ることはなかったが、この男に相談したことで胸のモヤモヤはいくらか解消された気がした。

理髪係の仕事を通して見えた死刑囚の実情を描くというのが、本書の趣旨だ。私自身の葛藤は本来であれば切り分けて考えるべきなのかもしれないが、これもある種の「実情」のひとつと捉え、並行して少しずつ検討していきたい。

【判決】死刑

# マニラ保険金殺人事件　岩間《いわま》俊彦《としひこ》

No.06

２０１４年から翌２０１５年にかけて、岩間俊彦はフィリピンのマニラにて現地のヒットマンを雇い、２人の男性を殺害するよう指示した。保険金目当ての殺人であり、被害者はいずれも射殺されていた。

２０１４年から翌２０１５年にかけて、フィリピンのマニラで２人の男性が殺害された。保険金目当ての殺人である。被害者はいずれも、現地で雇われたヒットマンによって射殺されていた。

この事件を指揮したとして逮捕されたのが、岩間俊彦死刑囚だ。

岩間はいつも、物静かな男だった。年は40代で糖尿病を患っており、紫がかった白い肌は見るからに不健康そうな印象をこちらに与えた。実際に体調は良くなかったらしく、身体は痩せ細り、理髪室内での動きはいつも鈍重そのものだった。

私が出所した数年後、岩間が獄中で病死を遂げたというニュースを目にした。

享年49。被害者、そして残された被害者遺族は、岩間死刑囚の獄死という結末に納得できるのだろうか。死刑執行も病死も同じ死に変わりはないが、国の刑罰が遂行できなかったことに対する賛否両論は、当然あるはずである。


岩間が希望する髪型は、いつもソフトモヒカンと決まっていた。毛の生え癖が強く、カットする前はいつも寝ぐせで髪が爆発している状態だった。

そんな岩間だったが、彼は私の死刑囚に対する意識を大きく変えた人物として強烈に記憶に残っている。

初めての理髪を担当した日、作業が終わると彼はニコッと微笑んでこう言った。

「どうもありがとう」

私は衝撃を受けた。

理髪係に任命されてからというもの、こんな風に面と向かって礼を言われたのは初めての経験だったのだ。

乱暴な態度をとる死刑囚ばかりを見てきたせいだろうか、作業を終え舎房に戻ってからも、岩間の微笑んだ顔と「ありがとう」という言葉が頭から離れなかった。

そもそも拘置所内で生活をしていて、人から礼を言われるなんてことは極めて稀だ。基本的には怒鳴られたり、冷たい目を向けられることが多い毎日である。自分の仕事に満足してもらうことができ、さらに感謝までされるなんて、素直に嬉しい出来事だった。

私はそれから数日間、「死刑囚でもお礼を言うことがあるのか……」などと、よく分からない感慨に浸っていた。

この一件によって、それまで私を悩ませていた例の違和感に変化が起きた。吹っ切れた、と言ったほうが正しいかもしれない。

私が辿りついたのは〝死刑囚もひとりの人間である〟という、ひどくシンプルな考えだった。

たしかに横暴な死刑囚は存在するし、その扱いに疑問を抱くことも少なくはない。しかし一方で、岩間のように理髪の時間を楽しみにしている死刑囚もいる。死刑判決が下された凄惨な事件を起こしたことは確かだが、ひとりの人間でもあるのだ。基本的な人権が尊重される権利は、誰しもが持っているはずである。

死刑囚たちが自らの罪と向き合う、最後の時間――その時間の一端を担う理髪を担当できるということは、すごく貴重な経験ではないだろうか。私は改めて、理髪作業を任せてもらえていることの有難さを感じた。

――くよくよ悩むのはやめて、私は私の仕事を全うしよう。

これが自分にできる最大の罪滅ぼしだと、私は固く心に刻み直した。

## シャバだ〜

収監されてから、早くも2回目の正月を迎えようとしていた。

1回目は配属されたばかりでバタバタしていたため、拘置所内とはいえゆっくり正月気分を味わえるのは、実質今回が初めてである。

本格的に理髪係を担当するようになり、本当に慌ただしい1年だった。パブロをはじめとするメンバーとお互いを労い合い、新年に向けて、そして出所に向けての決意を、同房一同で新たにした。

「来年はいい年にしたいなぁ」

「いい年もなにも、ずっと拘置所の中じゃないですか！」

下らない冗談を言い合い、全員の頬が緩む。やはり年末というのは、どんなに大人でも犯罪者でも、どうしてもテンションが上がってしまうものなのだろう。いつもは厳しい刑務官たちの監視の態度も、今日ばかりは心なしか柔らかかったように感じた。

大晦日には、年越しそばの代わりに「どん兵衛」が配布される。久しぶりのシャバの味だ。温かいかつおだしをズズッと啜ると、身体中が痺れるほど美味かった。

思わず「シャバだ～」という声が漏れる。

こんな幸せをまた当たり前に感じられるように、引き続き刑務作業に務めていかなければ。

私の刑期は、残り1年ほどになっていた。

# 第三章　拘置所のカオスな日常

## 令和の3億円事件

年が明けてすぐ、私が暮らす舎房に新メンバーが入ってきた。もちろんそれまでも細かい人員の入れ替えは行われていたが、久々の大型新人の登場である。

入ってきたのは、イトウくんという20代後半の男の子だった。人見知りで線が細く、特に入所してきてからしばらくはキョロキョロと落ち着かない様子で生活をしていた。

イトウくんは、「令和の3億円事件」と騒がれた大事件の犯人だ。勤めていた警備会社の金庫から現金3億6000万円を盗み、都内を転々としていたところを逮捕された。借金を抱えていたイトウくんは生活費に困り、このような大胆な犯行に及んだということらしい。

彼の顔は、舎房のテレビから連日流れてくるニュースでよく目にしていた。

「強気な犯人だなぁ」

「どの辺に逃げてるんでしょうね？」

「少なくとも、もう日本にはいねえだろ」

などと、同房のメンバーとともに好き勝手に感想を言い合って盛り上がったものだ。

そんな事情もあり、イトウくんが部屋に入ってきたときはメンバー一同大盛り上がりだった。不安そうなイトウくんの挨拶もそこそこに、質問大会が始まった。

「テレビに出てたイトウくんだ！　まだ日本にいたんだ！」

「はっ、はい……渋谷あたりをずっとウロウロしてて」

「それでしばらく逃げられたの？」

「意外と大丈夫だったみたいです……」

「盗んだ金は？　どっかに隠してきたの？」

「いえ……全部返しました」

「バカだなぁ、それならなんで盗んだんだよ！」

倫理観の欠片もない質問を冗談半分で次々と浴びせられ、イトウくんは明らかに困惑していた。刺激の少ない生活を送る受刑者たちからしてみれば、彼は格好の餌食だった。

あんな大金を盗み出すくらいだから、犯人は相当頭の切れるやつなんだろう。

誰もがそう思っていた。しかしイトウくんが入ってきて数日も経過すると、「そうじゃなかったんだ」という事実に嫌でも気づかされることになった。

都内の有名大学を出ているイトウくんは、この舎房の中の誰よりも賢いはずだ。仮に学力勝負をしたとしたら、イトウ君がぶっちぎりで優勝をしてしまうだろう。ただ、学力以外のところで求められる「空気を読む能力」や「効率性」といった〝生活〟に関する部分の賢さについては、てんでダメだった。

イトウくんは衛生夫として、B棟の10階を担当していた。初犯の収容者が判決待ちをするために入る専用のフロアだ。正直言って特殊役場などと比べたらだいぶ楽な仕事だったはずだが、彼はそれでも刑務官から毎日怒鳴りつけられていた。

一向に仕事が覚えられず、番手が上がっても余暇時間に娯楽を楽しむ余裕はなかったようだ。「仕事ができるようになるまでは勉強をしろ」という無言のプレッシャーに圧され、毎晩その日の反省や振り返りを行っていた。

ただ、それでもイトウくんにはどこか憎めない雰囲気があった。皆からナメられてはいたものの、嫌われているという感じではなかったのだ。

特に私とパブロは彼を可愛がり、イジメに遭わないように気を配ってあげていた。

# 家族の話

「ガリさんも、窃盗で捕まったんですよね？」

ある日の余暇時間、いつものように雑談を交わしていると、珍しくイトウくんの方から私に質問をしてきた。

「イトウくんほどデカい事件じゃないけどね。小さな、つまんない窃盗だよ」

「借金とかで困ってたんですか？」

「いや、そうじゃなくて……。物を盗むこと自体が、癖になっちゃってた感じかな」

「癖、ですか……」

はじまりは小学5年生のときだった。

私は家の近くにあった書店で、筆箱を万引きした。

私は岐阜県の田舎町に、四人兄弟の三男として生まれた。小学3年生のときに両親が離婚し、築50年のオンボロアパートでかなり貧しい生活を送るはめになった。子ども4人を一手に抱え込んだ母親の苦労は、私には想像もできないほど大きかったことだろう。

周りの友だちが持っているようなカッコいい筆箱が、私も欲しかった。だが、母親にそんなわがままは口が裂けても言えない。

私が小学生のちっぽけな頭で考えだした安易な解決策――それが、盗みだった。

盗みを覚えてしまった私の倫理観は、見事に転落していった。一度でも悪事に手を染め、あまつさえそれが成功してしまうと、なかなかそこから戻ってくることは難しい。

「バレなきゃ大丈夫」

いつしか、それが私の口癖になっていた。

窃盗、傷害、道路交通法違反……現在に至るまで、私には多数の逮捕歴がある。小学5年生で道を踏み外して以来、軌道修正をすることができないまま大人になってしまった。そのツケが回ってきたことで、今こうして東京拘置所にいるというわけだ。

――まじめに懲役を務め、1日でも早くシャバに戻る。

収監された当日に私はそう心に決めたが、それは散々迷惑をかけてしまった母親に対しての誓いでもあった。

母親はショックを受けながらも、「しっかりと反省して戻ってきなさい」と私を応援してくれた。

「身体には気をつけてね」

面会室の分厚いアクリル板越しにそう言った母親の顔は、今も忘れることができない。

「いいお母さんじゃん。ちゃんと定期的に手紙とか出さないとダメだよ？　ただでさえ心配かけてるんだから」

イトウくんに生い立ちを語っていると、それを聞きつけたパブロが口を挟んできた。

「パブロさんに言われなくても、ちゃんと手紙は出してますよ。たまに面会にも来てくれるし、本当に助かってます」

「面会って言っても、どうせ差し入れをおねだりするだけでしょ？」

「放っといてくださいよ」

いつものように、パブロの軽口が飛ぶ。はじめは鬱陶しくもあったが、今となっては受け流すのも慣れたものだ。


冗談を言い合う私たちに、イトウくんはさらに質問を投げかけてくる。

「あの……手紙って、どれくらい出せるんですか？」

そうか、と私は思い当たる。

入ってきたばかりで何もわからないイトウくんに施設のルールを教えるのも、上番手である私の役目なのだ。あの頃の私にとってのパブロが、今のイトウくんにとっての私というわけだ。

「最初は1週間に1回だけど、処遇が良くなると段々増えていくって感じかな」

「弁護士とは、何回でもやり取りできるんですよね？」

「そうそう。あと気をつけないといけないのが、内容だね。手紙の内容は事前に全部チェックされるから、変なこと書いてると弾かれちゃうよ」

「変なことって、例えばどんな……？」

「証拠隠滅を指示する内容だったり、刑務官が読めない暗号みたいな文言もダメ。施設の情報を書くのも良くなくて、僕は〝こんな人の髪を切った〟みたいな内容でＮＧくらっちゃったこともあるな」


こういった独特のルールは、上番手に聞くか、自分で失敗しながら覚えていくしかない。まだ右も左もわかっていないイトウくんは、さぞ不安なことだろう。

ふむふむと私の説明を聞くこの青年には、面会や、手紙をやり取りする相手がいるのだろうか。私には知る由もないが、可能な限り有意義な懲役生活を送って欲しいと心から思った。

私に色々なことを教えてくれたパブロも、あの時こんな気持ちだったのだろうか。

## ダメ親父

母親の話が出たところで、親父についても書いておこうと思う。

アルコール依存症と、家族へのＤＶ。小さいころの親父の記憶は、この２つしか残っていない。絵に描いたようなダメ親父だった。

親父が本格的におかしくなってしまったのは、祖父が亡くなり、その遺産が転がり込んできてからのことだった。車の窓ガラスをガムテープで修理するほどケチだった親父は、人が変わったように散財を始めた。愛人を囲って車やマンションを買い与え、酒量もさらに増えていった。

ずっと真面目に生きてきた母はそんな親父に耐え切れず、とうとう別居を切り出した。私が小学3年生のときのことだ。

正式な手続きは踏んでいないようだが、実質は離婚状態みたいなものだった。それ以来、親父とは一度も顔を合わせることはなかった。

そんな親父と再会を果たしたのは、この東京拘置所の中でのことだった。

逮捕後、弁護士とやり取りをする中で、

「身元引受人はどうしますか？」

という話になった。

もちろん、真っ先に浮かんだのは母親の顔だ。

しかし、私には気がかりなことがあった。母親は、今も地元で働きながら生活をしている。そんな母親の元に出所後の私が帰ったら、どうなるだろうか。

狭い田舎町のことだ。母親が周囲からどんな目で見られてしまうかは、想像するまでもなかった。

そのことを弁護士に告げると、「ではお父様はどうですか?」という提案があった。当然の流れだろう。幸い、親父の電話番号だけは知っていた。どこでどんな暮らしをしているのか、全く知らない自分の親父——気が引けたことは事実だが、私は思い切って弁護士に連絡を取ってもらうよう頼んでみることにした。

これ以上母親に迷惑をかけるよりはマシな選択だと思えたのだ。

数日後、弁護士を通して親父から手紙が届いた。

「突然の知らせに驚いている。身体に気をつけて、2年半しっかり務めてほしい」

そんな簡素な文面の最後には、こう書き記されていた。

「今度、面会に行きます」

## 父との再会

面会室に現れた親父に、昔の面影は全く無かった。

頭髪や眉毛には白いものが増え、以前のような刺々しい雰囲気は纏《まと》っていない。年はもう、70歳くらいになっているはずだった。あんなに怖かった親父も、しっかりとお爺さんになったのだ。

「久しぶりだね」

私はそう口に出すのがやっとだった。

久々に顔を合わせる照れ臭さに加えて、拘置所の面会室というあまりに特殊な状況――緊張で上手く頭が回らなかった。

親父も同じ気持ちだったのか、

「おお……」

などと言葉にならない声を漏らしている。

「ずいぶん変わったな」

「そりゃそうだよ。最後に会ったのが小学生とかでしょ？」

「身体は壊してないか？」

「元気にしてるよ……まぁこんな状況で言うのもなんだけどね」

ぎこちない親子の会話は、20分ほど続いた。

壊れてしまった関係性を少しずつ繋ぎ直していくような、気恥ずかしくも温かい時間だったように思う。

こんな場所での再会にはなってしまったが、やはり父親は父親だ。最後には「身元引受人が必要ならいつでも声をかけてくれ」とまで言ってくれた。

一度は憎んだ親父がそんな言葉をかけてくれるなんて、思いもしなかった。素直に嬉しいと感じたし、親父にも真っ直ぐそう伝えた。結果的に身元の引き受けは母が名乗り出てくれることにはなったが、このときの会話は私にとって非常に意義のあるものだった。

出所後、親父とは定期的に会うようになった。つい先日も、2人でスキーに出かけたばかりだ。

逮捕されたおかげで疎遠になっていた父親と再会するなんて、人生何が起きるかわからないものである。

## コロナウイルスの流行

２０２０年。

年が明けてもうひとつ、大きく変化したことがあった。コロナウイルスの流行だ。数少ない娯楽である慰問や運動会は中止。収容者たちにはマスクの着用が義務付けられ、運動の時間はできるだけ散らばって体を動かすように指示をされた。

徹底的な対策が練られたおかげか、私が服役している間に東京拘置所内でクラスターが発生することはなかった。生活が制限されるのはキツかったが、それよりも得体の知れないウイルスに感染することをみんな恐れていたような印象がある。

私には、絶対にコロナに感染したくない理由があった。

万が一感染したら調査・懲罰扱いとなり、配役された仕事から飛ばされてしまうと聞いていたのだ。そんな理不尽な、と文句のひとつでも言いたくなったが、当時は職員たちも含め、全員が未知のウイルスに混乱している状況だった。とにかく細心の注意を払い、毎日怯えながら生活するしかなかった。

コロナの流行は、普段の理髪作業にも大きな影響を与えた。

理髪自体が廃止されることはなかったが、作業中には防護服を着用せよというお達しが出た。個人的には、これが一番キツかった。

頭まですっぽりと覆われた分厚い防護服はとにかく動きにくい上、汗でフェイスガードが曇り、視界が奪われてしまう。細かな動作と集中力が必要な理髪作業など、とてもじゃないができたものではなかった。

「俺らの仕事って、このままだと無くなっちゃうのかな?」

いつもは冷静な中刈りも、この不測の事態にはさすがに焦っている様子だった。

「どうなんでしょうね。完全に無くなることはないと思いますけど」

「俺、シャバに出たらまた美容師やろうと思ってるんですよね。だけどこの調子だと、働き口があるのかどうかさえ怪しいな……」

珍しく肩を落とす中刈り。たしかに、彼の言うことには一理あった。

「ガリさんは、出所したらどうするんですか？　また美容師？」

「それもちょっと考えたんですけど、中刈りの言う通り厳しいかもしれないですね。ただでさえ給料安いのに、世間がこんな感じで続けられるのかどうか」

時間が経つにつれ少しずつ縛りが緩和される動きもあったものの、コロナによる先行き不安な生活は、結局私が出所するその時もまだ続いていた。

No.07

【判決】死刑

## 半グレ仲間割れ殺人事件　清《し》水《みず》大《たい》志《し》

2004年、架空請求詐欺グループのリーダーを務めていた清水大志は、同グループのメンバーである男性4名を事務所に監禁。殴る蹴るなどの暴行を加え、いずれも死亡させた。事件の原因はグループ間の仲間割れだった。

いろいろな変化はあったとはいえ、理髪係の仕事は続く。

年末に悩みが吹っ切れたということもあり、私は与えられた仕事を全力でこなしていこうと燃えていた。

　この時期に担当したガラで最も印象に残っているのは、清水大志死刑囚だ。

　架空請求詐欺グループのリーダーとして、仲間割れによる集団リンチで4人を死亡させた清水。彼の噂は、方々から聞こえてきていた。


「衛生夫としていろんな人見てきたけど、ダントツでヤバいのは清水だろうね」

　一番ヤバいガラは誰か、という雑談をしているなかで、ヨコハマさんはそう口にした。

「清水？　聞いたことないですね」

「知らない？　特殊役場にいるガラなんだけど、髪も切りたがらないし部屋の掃除もしないしで、みんな手を焼いてるんだよ」

「なるほど、理髪《ガリ》に来ないから僕は知らないんですね」

「生で見たら、ガリくん驚くと思うなぁ」

　ヨコハマさんは、新しい楽しみを見つけたと言わんばかりに嬉しそうに笑った。

「清水の舎房があるフロアにはたまにバナナの皮が落ちてててね。なんでだかわかる？」

「なんですか？」

「入浴の時間に持ち込もうとしてるんだよ。本人は、バナナ風呂をやるつもりなんだってさ」

後日、いつものように作業を終えてフロアの廊下を歩いていると、ヨコハマさんがこちらに近づいてきた。何か言いたげな様子だ。

「この間言ってた清水の部屋、ここだよ……」

私にそう耳打ちして、ヨコハマさんが視線を送った先――廊下の最奥にある66番の舎房が、清水の暮らす独居だった。

お菓子の空箱や読みかけのマンガ……とても拘置所の独居とは思えない光景が、そこには広がっていた。どちらかといえば、怠惰な大学生が暮らす下宿のような有様だ。

腐った生ゴミのような臭いが鼻をつき、思わず「うっ」と声が漏れる。

――マジかよ……たしかに噂通りだな。

部屋の中心には、見るからに不健康そうな男がだらしなく腰を下ろしている。囚人には似つかわしくない肥満体型で、脂ぎった長い髪は肩のあたりまで垂れていた。

私たちの存在に気づいた清水はゆっくりと顔を上げ、不機嫌そうな表情をこちらに向ける。風体に釣り合わない可愛らしい童顔が、この男の異質さをより色濃いものにしていた。

「ほら、目を付けられないうちに行くよ」

ヨコハマさんに静かに促され、私たちはその場を離れた。

——あんな部屋がどうして許されてるんだ？

ガラの手前、表情には出さないよう気をつけたが、とても東京拘置所の中だとは思えない光景だった。


「なんですかアレ、超ヤバいじゃないですか」

その日の作業後、私はヨコハマさんに素直な感想を告げた。自分が見たものは本当に現実なのか、正直疑わしいレベルの衝撃だった。

「すごかったでしょ？　上には上がいるってことだよ」

「部屋はもちろんですけど……服役中の死刑囚があの体型を維持できるってのも、ちょっと信じられないです」

「入ってきたときはあんな感じじゃなかったらしいんだけどね。あれは中で太っちゃったパターンだと思うよ」

「中で太るって、どういうことですか？」

「実家が金持ちなのかわからないけど、清水には大量の差し入れが届くんだよ。死刑囚は俺たちと違って食べる量は自由だし、差し入れの選択肢も多いでしょ？　しかも刑務作業で動き回る必要もないから、必然的にああなっちゃうってこと」

すごい話だよね、とヨコハマさんは笑う。

「でも、今日はアレが発動しなかったな。ガリくんにも見て欲しかったのに」

「アレって何ですか？」

「清水はね、独居の中で自分以外の誰かと喋ってるんだよ」

「ああ、ひとりごとが多いタイプなんですね」

「いやいや。そんなレベルじゃないよ。お前はどうだとか、あいつがどうしたとか、大声ではっきりと会話してるの」

ヨコハマさんの真剣な表情と口ぶりからして、私をからかうために嘘をついているわけではなさそうだった。独りきりの舎房で見えない誰かと会話をする加藤の姿を思い浮かべると、何とも言えない気持ちになった。

## 清水の初理髪

清水の理髪を担当することになったのは、それからしばらく経ってからだった。

いつものように一般の収容者の理髪をこなしていると、刈り長先生から「配置を変更しろ」と指示が飛んできた。先生の表情は、いつもより心なしか強張っているようにも見えた。

次は死刑囚か。今日は誰が来るのだろう――と呑気に予想しながら移動作業をしていると、遠くから何やら言い争う声が聞こえてきた。

「だからなんで切られないといけないんだ」

「いいじゃないか、さっぱりして気持ちいいぞ？」

「うるせぇ、放っとけよ」

――まさか？　嘘だろ？

嫌な予感は的中した。巨体を揺らし、大声で抗議しながら部屋に押し込まれてきたのは、清水だった。改めて対面してみると、その異様な風貌に圧倒されてしまう。

日本の制度では、死刑囚にはある程度健康を保った状態で刑を執行しなければならないと定められている。そう考えると、不衛生の極みのような清水が今まで黙認されてきたのは奇跡的なことだ。むしろ、連れて来られるのが遅すぎたくらいだろう。

刈り長先生はなんとか清水を説得し、椅子に座らせるところにまで漕ぎつけた。しかしどうしても髪を切りたくない清水は、依然としてご機嫌ななめのままである。

これはどうしたものかと様子を窺う私に刈り長先生は、

「よし、始めろ」

と言い放った。

何も「よし」ではないだろうと思ったが、指示を出されてしまってはしょうがない。私は仕方なくバリカンを手に取り、

「では、髪型はどうしますか？」

と清水に聞いた。

「あぁっ？」

怒りの表情でこちらを振り向く清水。

キツい口臭が顔に吹きつけられ、思わず後ずさりしそうになるのを堪えながら、私は諦めずにもう一度問いかける。

「ですから、希望の髪型は……」


その瞬間だった。

清水は理髪椅子から立ち上がり、鏡の前に設えられた作業台に勢いよく拳を叩きつけた。

「だから切らねぇって言ってんだろ！」

一瞬にして理髪室に緊張が走る。このまま暴れられては危険だ。手にしていたバリカンを遠くに置き、私と中刈りは何が起きてもいいように身構えた。

「わかった、わかったから」

怒りと諦めが混ざったような、刈り長先生の声が響く。

「あ？　なんだよ？」

「いいから落ち着け。今日はもう切らなくていい」

ふーっ、ふーっ、と荒い息を吐きながら、清水は刈り長先生を睨みつける。「切らなくていい」と聞いたからか、衝動的な怒りは少し落ち着いたようだ。

最悪の事態だけはなんとか免れた。思わず中刈りと目を合わせ、「助かりましたね」と無言の会話を交わす。

「こいつは切らなくていい。次、連れて来るから待ってろ」

刈り長先生はそう言い残し、興奮状態の清水を理髪室から連行していった。監督責任のある先生としても、ここで面倒を起こされるのはご免だったのだろう。その気持ちは理解できるし、私としても全面的に賛成だ。

「いやぁ、正直ビビりました。あのまま暴れられてたら、どうなってたんでしょうね？」

「そこはやっぱり、百人隊《ひやくにんたい》の出番なんじゃないかな?」

常駐の刑務官では手に負えないほどの揉め事が起きた時には、〝百人隊〟と呼ばれる警備隊が飛んでくる。100人はさすがに言い過ぎだとしても、軽く30~40人はいるはずだ。

「落ち着け」「見るな」と野次馬を制しながら喧嘩の仲裁をする百人隊は、普段はお目にかかれない、屈強な精鋭部隊と言った感じがする。

「あんなのが来ちゃったら、理髪室はむちゃくちゃになりますね」

「たしかに……想像しただけでゾッとします」


残された私と中刈りは、そんな会話をしながら次のガラを待っていた。

清水の初理髪作業は、こうして未遂に終わった。

ちなみにその後清水の理髪を行う機会は一度だけあったが、嫌がり暴れる彼を職員が抑えつけ、半ば無理やり髪を切るという壮絶なものだった。

No.08

【判決】保釈中に逃亡／懲役2年／懲役1年8カ月

## カルロス・ゴーンとグリーンベレー親子

2018年、日産自動車の会長を務めていたカルロス・ゴーン氏は、金融商品取引法違反の容疑で逮捕された。保釈中の2019年には元グリーンベレーであるマイケル・テイラー氏らの助けを借りレバノンへ逃亡。連日ニュースを騒がせた。

「ガリくんって、あの人の担当したことないの？」

舎房での余暇時間、好奇心で目を輝かせたパブロが急にそう尋ねてきた。

「あの人って？」

「カルロス・ゴーンだよ！　今ニュースで話題になってるじゃん」

２０１８年11月。日産自動車の会長を務めていたカルロス・ゴーン氏は、金融商品取引法違反の容疑で逮捕された。その後、保釈中の２０１９年に起きたゴーン氏のレバノンへの逃亡劇は、連日ニュースを騒がせた。

「僕も興味はあるんだけど、理髪はやったことないんですよ。やっぱり、厄介なガラだったんですかね？」

「結構手を焼いてたみたいだよ。俺も噂で聞いたんだけど、どうしてもベッドで寝させてくれって騒いで大変だったみたい」

「海外のお偉いさんには、ここの煎餅布団はキツかったんでしょうね。それで、結局どうなったんですか？」

「特別にベッドがある病棟に移動させられたらしいよ。もう遠くに逃げちゃったし、戻ってくることはないんだろうなぁ……」

残念そうなパブロを慰めるわけではないが、私は代わりにこんな話題を提供した。

「でも最近、ゴーンを逃がしたっていうアメリカ人の親子が入ってきたじゃないですか？

その親子なら、担当したことがありますよ」

「マジで⁉　どんな感じだったか聞かせてよ」

パブロの目に、一瞬にして輝きが戻る。

カルロス・ゴーンを日本からレバノンに逃がした親子、父マイケル・テイラーと息子ピーター・テイラーは、母国アメリカに移送されるまで東京拘置所に収容されていた。

父は世界最強の特殊部隊と言われる「グリーンベレー」の元軍人かつ、世界的な警備会社の社長でもあった。60歳とは思えない引き締まった肉体は、現役の軍人としても十分に通用しそうな威厳を漂わせていた。

世界的にも厳しいとされる日本の税関を突破し、人を亡命させることなど可能なのか——当時の報道ではそう騒がれていたが、彼にとって要人の輸送は、そこまで難しい仕事ではなかったのかもしれない。

テイラー親子はそれぞれ別々のフロアに収容されており、理髪などで移動をする際は常に厳戒態勢が敷かれていた。筋骨隆々で武闘派の職員4、5人を引き連れて廊下を歩く彼らの姿は、まるでハリウッド映画のワンシーンを見ているかのようだった。

「その様子は俺も見たことあるよ。ゴーンの件もあって、政府もかなりナーバスになってたんだろうねぇ」

興味深そうに感想を述べるパブロ。

私も全くの同意見だった。あの時の職員たちのピリついた雰囲気は、それまでには感じたことのない独特のものがあった。

テイラー親子の理髪は、とにかく特例続きだった。

たとえば、作業時間だ。通常なら朝の9時ごろからスタートする理髪作業だが、テイラー親子の理髪は朝7時に行われた。他の収容者の目につかないようにという措置だったらしい。親子が顔を合わせることは絶対にないようにスケジュールが管理され、入室前には厳重な身体検査・室内検査が行われた。死刑囚ではないが、作業はもちろんひとり態勢だ。

もうひとつ異例だったのが、理髪の際に通訳をする職員が付いてきたことだ。

それまでも何度か海外のガラを担当したことはあったが、通訳が付いたことは一度もなかった。拙い英語でなんとか注文を聞き出し、不安のなかで作業を進めるしかなかったのだ。また、英語を喋れないガラに対しては、前日に舎房で勉強した簡単な日常会話で乗り切るしかないということもあった。

「あの親子の態度はどんな感じだったの？　やっぱりＶＩＰ待遇で、調子に乗っちゃってる感じ？」

特例だらけの実情を聞き、パブロの興味は止まらない様子だった。

「いや、その逆です。むしろ日本人のガラよりも礼儀正しい感じがしました。２人ともずっと笑顔で、どちらかというと物珍しそうに全部を楽しんでる感じでしたね」

「余裕あるなぁ。それだと、たくさん会話もできそうだね」

「余計なことは通訳してくれないので、何を言ってるかはわかりませんでした。特に息子の方なんかは、ずっと喋り続けてる感じだったんですけどね」

「息子は手伝わされただけって感じらしいから、自分の状況もあんまりわかってなかったのかもね。それこそ本当に社会見学くらいに思ってたのかも」

「それはそうかもしれません。毎回ソフトモヒカンを希望してて、仕上がりは気に入ってくれてたみたいです」


マジかよおもしれー、とパブロは無邪気に喜んでいる。

たしかに、面白い経験だった。死刑囚ではないガラでも、このような特例が存在するのだと身をもって知った。変な言い方にはなるが、私はかなりラッキーなタイミングで収監されたのかもしれない。

## ヤクザ専用フロア

東京拘置所には、ヤクザ専用フロアがある。

その名の通り、ヤクザの収容者がほとんどを占める特殊なフロアだ。全身にびっちりと刺青が入ったガラや、指が10本揃っていないガラ……。これだけ多くの暴力団が集まるフロアがあるのは、おそらく日本全国を探しても東京拘置所だけだろう。

ヤクザ専用フロアには初犯フロアと累犯フロアの2種類があり、特に危険な人物が集まっているのは、言うまでもなく累犯フロアの方だ。

組同士の敵対関係や組織内での立場が入念に調査され、ヤクザたちは各部屋に振り分けられていく。しかしそれでも、このフロアでの喧嘩は絶えなかったようだ。私がここに出向くタイミングはたまにしかなかったが、日々その噂は聞こえてきていた。

フロアに一歩足を踏み入れた瞬間、そこが異質な空間であることはすぐにわかる。まず、他のフロアに比べて明らかに騒がしい。おそらく情報交換の一環なのだろうが、裏社会の隠語を使ったやり取りがひっきりなしに聞こえてくるのだ。

それに構わず廊下を進み、理髪室に向かおうとすると、今度は無数の攻撃的な視線が私を襲ってくることになる。中には、ヒソヒソと私について何か話をしているガラもいる。品定めされているような、嫌な視線だ。

死刑囚が集まる特殊役場にも独特の淀んだ雰囲気があるが、ヤクザ専用フロアはそれとはまた違った、殺伐とした空気が充満していた。

このフロアの衛生夫は、かなりの重労働を強いられることになる。他では考えられないような、大量の差し入れ品を捌く必要があるからだ。

ヤクザは差し入れが多ければ多いほど「これだけの仲間がいる」「慕われている」と考える。

差し入れの量が、一種のステータスになっているわけだ。

当然シャバにいる組織の人間もそれを把握しているため、恥をかかせまいと高額な商品を何十個、何百個と差し入れる。1缶5000円もするズワイガニの缶詰がピラミッド状に積み上げられている光景は、このフロアでは見慣れたものだった。部屋によっては、大量の食料品で埋もれてしまっているところもあった。

ヤクザの理髪作業は、一筋縄ではいかないことが多い。

上の人間への気遣いであったり見栄であったり、その理由はさまざまだろうが、彼らは人一倍外見に気を配り、こだわりも多い人たちだからだ。

その理髪係の腕が確かなものなのかどうか、ヤクザは見分ける術をよく知っていた。そのため少しでも剃り残しや左右の誤差があれば、職員を通じて容赦ないクレームが入ることもあった。そのプレッシャーに耐えきれず、心を病んでしまった理髪係もいたと聞く。

私は万全を期して、ヤクザフロアに関してはスピードよりもクオリティ重視で仕事をするようにしていた。「早くしろ」という職員の目もあったが、それよりも完璧な仕事をこなす方が重要だった。

## 鳩

ヤクザ専用フロアで理髪をしているとき、こんな出来事があった。

バリカンで髪の毛を刈っていると、首からかけるカットクロスの下で、ヤクザが何やらゴソゴソと動き出したのがわかった。

横目でチラッと確認すると、どうやら股間のあたりをまさぐっているらしい。刈り長先生に気取られないよう、かなりゆっくりとした動きだった。

何か物騒なモノでも取り出すのではないか——そう思って身を構えていたが、ヤクザが取り出したのは小さなチョコレート菓子だった。

——どういうことだ？

あまりに意外なブツの登場に私は軽くパニック状態に陥ったが、ヤクザはそれに構わず

「受け取れよ」と頻りに目配せをしてくる。

私たち受刑者にとってお菓子などの嗜好品は、月に1、2回しか食べることのできない貴重品だ。チョコレートなんて、チャンスさえあれば喉から手が出るほど欲しいに決まっている。

そんな私に対して、ヤクザは懲罰のリスクを冒してまでチョコレートを〝密輸〟してきたわけだ。まさか、100%善意というわけはないだろう。必ず裏があるはずだ。

声を出さず、ゆっくりと首を横に振って見せると、ヤクザは「クソッ」という顔をしてカットクロスの中に手を引っ込めた。


また別の日には、こんなこともあった。

理髪が終わりヤクザが立ち去ったあと、理髪椅子に小さく折り畳まれた紙切れが挟まっているのを発見した。忘れ物というわけではなさそうだ。紙切れは、わざと私の目につくようそこに挟まれているように見えた。

幸いなことに、刈り長先生は次のガラを連れてくるため外に出ている。恐る恐る紙を開いてみると、そこにはこう書いてあった。

「A棟11階　〇号室に持っていけ
金移せ」

明らかに、自分に向けられたメッセージだった。

私は頭の痛い選択を迫られた。

書かれてある指示を実行しなければ、ヤクザから嫌がらせを受けるかもしれない。では職員に報告するか？――いや、それでも嫌がらせのリスクは避けられないし、最悪の場合共犯を疑われてしまう可能性もあるだろう。

早くしなければ、刈り長先生がガラを連れて戻ってきてしまう。可能な限り、決断を急ぐ必要があった。

焦りで上手く頭が回らないなか、私は結局「紙を見なかったことにする」という選択を取った。あとでヤクザに詰められる可能性もゼロではなかったが、その時はその時だ。急いで紙切れをビリビリに破き、ゴミ箱に捨てた。

運が良かったのか、それから数日経っても嫌がらせを受けることはなかった。

「それは鳩《ハト》に勧誘されてるんですよ」

運動の時間に相談を持ちかけると、メガネくんは流暢に解説をしてくれた。

「鳩、ですか?」

「伝令だったり、簡単なお使いだったり……そういう役割をこなしてくれる存在を、ここでは鳩って呼ぶんです」

「じゃああのとき、もしお菓子を受け取ってたら……」

「交渉成立ですね。お前は俺からチョコレートを受け取ったよな? ってことで、いろいろ面倒な仕事を頼まれることになります」

「危ねぇ……受け取らなくてよかったです」

私の勘と咄嗟の判断は正しかったようだ。思わず、安堵の息が漏れる。

「もちろん、バレたら懲罰ですよね？」

「当然です。でも結構、バレちゃう人もいるんですよね」

「現行犯でアウトですか」

「あとは、部屋の抜き打ちチェックでメモが出てきちゃったりとか」

「なるほど。洗濯物とかはいろいろと隠しやすいし、バレちゃまずいものを紛れ込ませている人も多そうですね」

「他で言うと、自分で言いふらしちゃうっていうケースもあるんですよ。〝俺はこの間、あそこに鳩を飛ばしたんだ〟とかって言ってね。ほら、ヤクザの人ってそういうの言いたがりだから」

見栄を張るのも仕事のひとつであるヤクザにとって、自分がどれだけ鳩を飼っているかというのは大事なステータスのひとつなのだろう。メガネくんの説明には納得がいった。

「とにかく、手を出さないことが一番ですよ」

「はい、気をつけます」

もともとそんな気はなかったが、私は改めて鳩にはならないと心に誓った。

## 親分のお墨付き

ヤクザ専用フロアには、ある組の有名な組長が収容されていた。

彼らが生きるのは、上下関係が非常に厳しい世界だ。

組長と理髪が一緒になったヤクザのガラは、

「失礼します」

「お先でした」

などと言って必ず頭を下げた。

シャバだろうが塀の中だろうが、彼らにとっての疑似的な〝家族関係〟は決して揺るがないものなのだろう。


そもそもヤクザにとって、逮捕や拘禁というのは身近にあるものだ。場合によっては、誉れとされることさえある。最初から覚悟が固まっている彼らは、一般の収容者よりも肉体的・精神的に健康に見えることが多かった。

そしてさすがと言うべきだろうか、そんなヤクザの中においても組長がまとっているオーラはより特別なものであると感じた。すでに現場からは退いている年齢だろうが、弱々しい印象は一切受けない。

ゆったりとした余裕は持っているが、隙はない――私にとっての組長のイメージは、そんな感じだった。

組長の理髪は、何度か経験した。

いつもオーダーされていたのは、ややモヒカンっぽいワイルドな髪型だ。無理な若作りという感じは一切なく、むしろさわやかな短髪がよく似合う人だった。

最初こそ緊張はしたが、幸い組長は仕上がりを気に入ってくれているようだった。

細かい注文やクレームがついたことは一度もない。「ご苦労だったね」などと私に労いの言葉をかけてから、ゆっくりと自分の舎房に戻っていくのがいつものパターンだった。

私たちのような東京拘置所の受刑者は、「A級」と呼ばれる初犯の人間がほとんどだ。そのため特に累犯フロアのヤクザからは、どうしてもナメられることが多かった。

「アンタはどうせ初犯だもんな?」

「優等生は大変だね」

作業のためフロアに出入りしていると、事あるごとにそんな言葉を投げかけられた。理髪の際にも、ほとんど難癖と言っていいようなクレームが入ることも珍しくなかった。

私のような一般人は「初犯=ダサい」というヤクザ特有の感覚は持ち合わせていないが、それでもあまりいい気はしなかった。

しかしある日から、ヤクザたちが私に向ける視線や言葉がガラッと変化した。

挑発的な言葉をかけられることがピタッとなくなり、それどころか、

「いつもありがとね」

「みんなアンタは上手だって褒めてるよ」

などと褒められることが多くなったのだ。

――いきなりどうしちまったんだ？

あまりに急なことで困惑したが、ひとつだけ思い当たる節があった。

おそらくだが、例の組長がヤクザたちの前で私のことを褒めてくれたのだ。そうでもしないと、ここまで露骨な手のひら返しはありえないだろう。

以前のように、鳩に誘われることも一切なくなった。

ヤクザにとって「組長」という肩書が、どれだけの力を持つのか――。

そのことを強く実感した出来事だった。

## ティーパック事件

厄介なガラも多かったが、いろいろな人間と接することができる理髪係の仕事はとても刺激的なものだった。他人と接することは、自分を見つめ直すことにも繋がる。少しずつ出所日も見えてきており、受刑生活は順調に進んでいると言ってよかった。

「ガリくん、最近調子良さそうじゃん」

毎日忙しなく働く私を見て、パブロもどこか満足そうな表情を浮かべていた。

「そろそろ出所も近いわけでしょ？」

「はい、もう1年切ってるので、引き続きこの調子でいきたいです」

「俺もそろそろなんだけどさ。まぁ怖いのは懲罰行っちゃうことくらいだよね。ガリくんは大丈夫なの？」

「僕は気をつけてるから平気ですよ。毎日真面目にやってるんですから」

「そんなこと言ってるけど、ガリくんには前科があるんだからね？　ほら、例のティーパック事件とかさ」

「やめてくださいよ。せっかく忘れてたのに」

パブロの言う「ティーパック事件」とは、私が収監されてからすぐに起きた事件のことだ。まだ右も左もわからなかったころの話で、思い出したくない記憶としてしっかりと頭に刻まれている。

東京拘置所には〝転用は絶対にＮＧ〟というルールがある。たとえば、ボールペンは書くためのもの。それ以外の用途――極端に言えば人を刺したり、穴を開けたり――に使うことは許されていない。いま思えば検討するまでもなく、当たり前の決まりごとだ。

当時そんなルールも知らなかった私は、ガラ用の緑茶を作るためのティーパックをあることに転用してしまった。消臭のため、自分の靴に入れておいたのだ。

「おい、何だこれ」

ある日の抜き打ち舎房チェックでティーパックが見つかり、私は刑務官に詰め寄られた。

「ああこれ、消臭のために入れてたんですけど……」

「こんなことやっていいわけねぇだろ。どうなるかわかってんのか?」

「すみません。本当に知らなくて……」

「……チッ、次やったら承知しねぇからな?」

刑務官はなんとか見逃してくれたが、普通なら調査に飛ばされていたことだろう。調査に行かされてしまえば、ほとんどの場合は懲罰も免れることはできない。

——危なかった。

以降は気をつけるようになったが、本当に嫌な汗をかいた経験だった。

「あれは笑ったなー。職員が見逃してくれたから助かったけど、ガリくん本当に危なかったからね」

「笑いごとじゃないですよ。パブロが事前に教えてくれてたら、あんなことにはならなかったのに」

「おいおい、俺のせいかよー」

「冗談ですよ。でも残り少ない時間、お互いヘマしないように頑張っていきましょう」

油断していたら、どこで足を掬われるかわかったものではない。

パブロの忠告はごもっともだった。

# 第四章　理髪係を通して見えたもの

No.09

【判決】死刑

## 稲川会傘下後藤組元組長　後藤《ごとう》良次《りょうじ》

死刑判決を受け服役していた元ヤクザ組長・後藤良次は、塀の中から別件の殺人事件を告発。後藤の証言により共犯者は逮捕され、未解決だった事件の真相が次々と明るみになった。この一件はのちに映画化もされ話題となった。

山田孝之主演映画『凶悪』に登場する極悪ヤクザ「須藤」のモデルとなったのが、東京拘置所に収容されている後藤良次死刑囚だ。

後藤は堀の中から、当時発覚していなかった3つの殺人事件を記者に告発。その内の1件が立件され、告発された共犯者には無期懲役の判決が言い渡された。日本に殺し屋が実在していたことが明るみになり、その極悪卑劣な犯行の数々に世間が震撼した。

後藤の理髪は、一度だけ担当したことがある。

理髪室に連行されてくる後藤には、3人もの職員が付いていた。中には、帽子に「金線《きんせん》」を付けた幹部連中もいた。理髪係にガラの名前や素性が知らされることはないが、その時点で注意を要する死刑者だということは間違いなかった。

後藤が希望した髪型は、丸刈りだった。手直しが要求されることはなかったが、仕上がりのチェックは入念に行われた。元ヤクザというだけあって、そのあたりの美意識には神経質なところがあったのだろう。

これは私の推測だが、後藤死刑囚の動きには「自分を忘れてほしくない」という世間に対する気持ちがあったような気がする。

自分の人生が本になり映画化もされ、世間を騒がせていたことは当然本人も知っていた。

死刑囚の独居暮らしは、言うまでもなくとても孤独だ。世間との唯一の繋がりである〝自分の罪〟に彼がしがみつきたくなる気持ちは、ひとり独居で背中を丸める死刑囚たちの姿を見ていると理解できるような気がした。

後藤は最後の最後まで、「実はもうひとり殺している」などと職員に訴えていたようだ。法務省の職員である刑務官に言ったところで調査は始まらないし、仮に警察に直接話をしたとしても、証拠が無いので相手にはされないだろう。

孤独な囚人の行き場のないの悲哀を、後藤死刑囚からは特に色濃く感じた。

No.10

【判決】死刑

## 前橋スナック銃乱射事件 矢《や》野《の》治《おさむ》

2003年1月。群馬県前橋市の住宅街にあるスナックを暴力団組員が銃撃、その場に居合わせた一般市民を含め、敵対する組織の組員ら計6名の死傷者を出した。矢野治は当事件を含むさまざまな抗争を指揮していた。

刑が確定したあとに余罪を告白する死刑囚は、他にもいた。

住吉会系の組織の元組長である矢野治死刑囚も、そのひとりだ。

矢野は同業のヤクザも恐れをなすほどの冷酷な武闘派で、その手にかかり命を落とした関係者は数十人にものぼると言われている。群馬県前橋市で起きたスナックでの銃乱射事件を指揮したとして逮捕され、死刑判決が言い渡された。4人が死亡、そのうちの3人が無関係の一般人という、悲惨な事件だった。

死刑の判決が出た後、矢野は別件での2人の殺人を告白した。真相はわからないが、捜査を長引かせることで刑の執行を長引かせようとしていたのかもしれない。

2020年1月、矢野は東京拘置所内でその命を落とした。

絞首刑によってではない。自殺だった。

その日は朝から職員たちの様子がおかしく、何かトラブルがあったのだろうとは思っていたが、「矢野が自死した」という情報は昼の運動の時間には既に全員に知れ渡っていた。

ニュースや新聞では「刃物を用いての自殺」としか報じられていなかったが、ではどのようにして、矢野は舎房の中に刃物を持ち込んだのか？

私が施設の中で聞いた事件の真相は、こうだ。

東京拘置所では、どの収容者も色鉛筆を購入することができる。長い懲役生活で蓄積された自己理解や鬱憤を創作活動に充てる囚人は、案外多いのだ。描かれた絵は、展示会などに出展されることもあった。

そしてその色鉛筆に使用する鉛筆削りもまた、購入可能品のうちのひとつだった。手動タイプの小さなもので、文房具店などで見かける色鉛筆セットに付属しているものを想像してもらえるといいだろう。

矢野が自殺に用いたのは、この小さな鉛筆削りだった。正確には、鉛筆削りに付いている小さな刃物だ。どうやってネジを緩めたのかはわからないが、分解した鉛筆削りから刃物だけを取り出し、自らの首を掻き切ったのである。

施設内で毎日同じような生活を送っていると、日常の小さな変化にもよく気づくようになってくる。当たり前のように使用が許可され、誰もその危険性を疑うことのなかった鉛筆削り——その鉛筆削りの内側にきらりと光る鋭い刃物は、矢野にとって天からの救いに見えていたのだろうか。

この事件が起きて以降、日本の矯正施設・収容所でガラが鉛筆削りを使うことは禁止された。購入すること自体はできるが、使用する際は職員に鉛筆を渡し、舎房の外で削ってもらうことが義務付けられるようになったのだ。

さらに2022年10月には法務省によって訓令が改正され、死刑囚は自室での色鉛筆および鉛筆削りを使用することが正式に禁止された。削ることはおろか、色鉛筆を使うことさえ禁止されてしまったのだ。

この改正を受け、福岡拘置所に収容されている奥本章寛死刑囚は「色鉛筆の使用禁止は、表現の自由の侵害に当たる」として法務省訓令の取り消しを求める裁判を起こした。裁判は東京地裁で執り行われたが、2023年5月に訴えは棄却された。

理髪を担当することはなかったが、現役時代の矢野についての〝伝説〟はよく耳にしていた。どれも耳を疑うような、残忍なエピソードばかりだ。

敵の多かった矢野の死に対する周囲の反応は、冷ややかなものだった。

「東拘にとってはデカい責任問題だな」

「こりゃ締め付けが厳しくなるぞ」

矢野の自死を受け、収容者たちは方々で虚実入り混じる憶測を立てまくった。ひとりの命が失われたことよりも、どちらかと言えば自分たちに今後降りかかるであろう災難を憂いているという感じだった。

正直言って私も最初は同じ気持ちだったが、発生から少しずつ時間が経っていくにつれ、この事件は私が死刑制度そのものについてや、囚人の管理体制について考えるきっかけとなっていった。

No.11

【判決】死刑

## 前橋スナック銃乱射事件　小日向将人《こひなたまさと》

2003年1月。群馬県前橋市の住宅街にあるスナックを暴力団組員が銃撃、その場に居合わせた一般市民を含め、敵対する組織の組員ら計6名の死傷者を出した。小日向は当事件の実行犯として逮捕された。

前述した前橋スナック銃乱射事件の実行犯として逮捕された小日向将人死刑囚は、矢野治死刑囚のいわゆる子分的な存在だった。弱冠17歳にして組員となり、親分である矢野が絶対的な力を持つ社会の中で生き抜いてきた生粋のヤクザだ。

小日向は矢野に対し、単なる忠誠を超えた何か――強い信仰、あるいは畏怖を抱いているような印象を受けた。最終的には「矢野から指示を受けて実行した」と供述し、親である矢野を事実上売ってしまうような形にはなったのだが、そこには想像を絶する葛藤があったに違いない。そのあたりの事情は、小日向本人による手記『死刑囚になったヒットマン「前橋スナック銃乱射事件」実行犯・獄中手記』（2024年、文藝春秋）に詳しい。

小日向は一見優しそうな顔立ちをしていたが、全身にはびっちりといかつい和彫りが入っていた。理髪の際はいつも坊主を希望し、たまに雑談を求められることもあった。まるで自分の運命をすべて受け入れているかのような、落ち着き払った口調が今も耳に残っている。どこか余裕すら感じられる小日向の振る舞いに、ある時から急激な変化が訪れた。ある時とは言うまでもなく、親である矢野が自死したその日である。周りの職員は最大限気を配り、小日向のケアに努めたようだったが、その効果が現れているとは言い難かった。

理髪室に入ってくる小日向は、日に日に生気を失っていった。

暗い顔つきで、ぐったりと理髪椅子に腰を下ろす小日向。睡眠導入剤や精神安定剤を服用していたのだろう、動作もひどくゆったりとしたものだった。

「髪型はどうしますか?」

と聞いても、なかなか返事が返ってこないことが増えた。

何度かしつこく問いかけてやっと、小日向は「丸刈りで……」と力無くこぼす。親分を失ったボロボロの精神状態で、髪型もなにもあったものではなかったのだろう。

その時期は私も空気を読み、声のトーンを抑えて「わかりました」と返事をするようにしていた。

ひとりの男をここまで狂わせてしまうほど、ヤクザにとって親分の存在は、命と同等かそれ以上に重いものなのだと感じた。

No.12

【判決】死刑

## 座間9人殺害事件　白石《しらいし》隆浩《たかひろ》

白石隆浩はＳＮＳで知り合った若い男女を次々と自宅アパートへ招き、計９人を殺害した。犯行の動機は金銭目的または性欲のためだったと本人が証言している。遺体の一部は、自らが用意したクーラーボックスに入れて保存していたという。

「次のガラは訳ありだ」

珍しく事前にそう告げた刈り長先生が連行してきたのは、色白で痩身の男だった。腰のあたりまで伸びた長い髪で、顔を確認することはできない。まるで映画の「貞子」がテレビから飛び出してきたかのような風体だ。どんよりと暗い雰囲気を全身から漂わせており、椅子に案内してもその顔が上を向くことはなかった。

言葉を選ばずに言えば、薄気味悪い印象を抱かせる男である。


「坊主でお願いします……」

希望を聞くと、男は消え入りそうな声でそう答えた。

「わかりました」

バリカンを手に取り、右のもみあげからゆっくりと刃を入れていく。

髪の毛を巻き込まないよう慎重に作業を進めていくと、徐々にその顔の全貌があらわになった。


——座間の犯人だ。

特徴的な垂れ目を見て、すぐにわかった。週刊誌で度々目にした顔だ。

男は、座間９人殺害事件の犯人、白石隆浩死刑囚だった。

白石はＳＮＳで知り合った若い男女９人を、次々と自宅アパートで殺害。遺体の一部は、自らが用意したクーラーボックスに入れて保存していたという。

金と性欲が犯行の動機だった、と彼は後に語っている。

おぞましい事件の詳細、そして白石自身の猟奇的な言動は多くのメディアに取り上げられ、世間の知るところとなった。

——これが、あの白石か。

ただでさえ緊張はしていたが、男の正体を知ったことで鼓動がより速くなるのを感じた。

そんな私の動揺をよそに、白石は終始覇気のない顔で下を向き、理髪が終わるのを大人しく待っていた。


「これで大丈夫ですか？」

作業が終わり確認すると白石は一瞬だけ鏡を見た後で、

「大丈夫です」

と答えた。

クロスを取ると白石はゆっくりと椅子から立ち上がり、「ふぅ……」と小さく息を吐いてじっとこちらを見つめた。

一切の生命力が抜け落ちたような、真っ黒な目だ。

背筋がゾクリとし、嫌な汗が脇の下を伝う。

——なにか企んでいるのか？

一瞬、部屋に緊張が走ったが、白石は「ありがとうございました」と一礼をしただけだった。こちらからも礼を返すと、白石は短くなった髪の毛を確かめるように頭を撫でながら、刈り長先生に連れられて部屋を出て行った。


白石の理髪を担当したのは、このときを含めて2回だけだった。彼は2カ月に1回の理髪を拒み続け、極限まで髪が伸びてから一気に坊主にするというサイクルで生活していたからだ。

おそらく、自分の髪型など全く気にする気にはなれなかったのだろう。ヤクザのように見た目に気を配っているというわけではなく、彼にとっての理髪はただ「伸びてきて邪魔になったから切る」という無味乾燥な作業に過ぎなかったのだと思う。

考えてみれば、決して覆ることのない自らの死刑が確定した人間の心理としては、むしろそちらの方が自然なのかもしれない。白石は「生きること」そのものを完全に諦めているようにも見えた。

死刑宣告を受けた人間が、どのような心理状態に陥るのか——そのリアルな結果のひとつを、白石の姿に見た気がする。

## 自分の課題

白状すると私は収監されてから長い間、理髪係の仕事を「楽しい」と思って続けていた。極端に横暴なガラや、テイラー親子のような有名人、あるいは異常な行動を繰り返す収容者――人間観察を楽しむかのように、懲役生活を特殊な社会見学か何かだと勘違いしていた節があった。

しかし後藤や矢野、小日向、そして白石死刑囚の件に触れ、自分の認識を改めるべきではないかと思い直した。死刑囚の心の闇――と言うと陳腐な言い回しかもしれないが、とにかくその闇を目の当たりにしたことは、自分が置かれている状況と、不完全な日本の死刑制度について再認識するきっかけになったのだ。

「ガリさんは刑務作業にやりがいを感じてますか？　ていうか、やりがいを感じて仕事をするべきだと思いますか？」

ある日、イトウくんにそう尋ねられたことがあった。仕事がなかなか覚えられず苦労していたイトウくんだったが、彼は彼なりに何か思うところがあったのだろう。

「僕はいつも怒られてばかりですけど……中には、楽しそうに仕事をしてる人もいて。でも、作業はそもそも刑罰としてやってるわけじゃないですか？　どんな気持ちで毎日仕事していけばいいのか、わからなくなってしまって」

イトウくんの気持ちは、よく理解できた。

そもそも私たちは、犯罪者だ。犯罪者として割り振られた仕事を粛々とこなすのか、あるいはそこに〝やりがい〟や〝楽しみ〟を見つけるのか。そして仮に後者を選んだとして、それは罪を償う姿勢として正しいものなのか……。

自分も同じタイプだからわかるが、きっと変に真面目なイトウくんの気持ちは、この2つの間で揺れ動いているのだろう。残念ながら、私はまだ彼に対する明確な回答を持ち合わせてはいなかった。

死刑囚であっても人権は尊重されるべきであるし、その考えは変わっていない。ただ、イトウくんの言葉を受けて自分のスタンスは見直すべきかもしれないなと感じた。

怖いもの見たさでヘラヘラ仕事をするのではなく、せっかく貰ったチャンスはしっかりと自分の人生に活かすべきだ。これからは今まで以上にしっかりとガラを観察し、そこから見えてくること、学べることをもっと吸収していこうと決めた。

それはきっと、自分自身の罪と向き合う上でもプラスになるはずだ。

早くも残り数カ月となった懲役生活。

自分にとっての課題が明確になった。

No.13

【判決】懲役3年、追徴金1300万円

## 公職選挙法違反事件　河《かわ》井《い》克《かつ》行《ゆき》

当時衆議院議員を務めていた河井氏は、2019年に行われた第25回参議院議員通常選挙において、立候補していた妻・案里氏と共謀し、当選を目的に大規模な買収行為を展開。「河井夫妻選挙違反事件」として大きく報道された。

余暇時間、舎房でテレビを見ていると思わず「えっ！」という声が漏れた。

画面に映し出されていたのは、元法務大臣の河井克行氏だった。妻である案里氏と共謀し違法な買収行為を行ったとして大々的に報じられていた河井夫妻が、この度正式に東京地方検察庁特別捜査部によって逮捕されたというのだ。

東京地検特捜部が逮捕した身柄は、必ず東京拘置所に収容される。東京拘置所を管轄する立場である法務省の元大臣が、東京拘置所に収容されるというわけだ。皮肉というか何というか、舎房のメンバーは全員目を丸くして驚いていた。

特捜案件の収容者は決まって高層フロアに収容されるので、この時点で河井氏の理髪は十中八九私が担当することはわかっていた。


河井氏の理髪は、計3回担当した。

元法相のガラということもあり、その対応は予想通り丁重なものだった。同フロアにいる他の収容者の目につかないよう、作業は朝一番に行われる。刈り長先生からも事前に、

「この日は朝一で○○号室だ」

と指示が出るほどの念の入れようだった。

その○○号室のガラは誰なのか、名前までは教えてもらえなかったが、私はすぐに河井氏だとわかった。衛生夫のヨコハマさんから前もって、収容されている舎房の部屋番号を聞い

ていたからだ。

理髪や面会へ向かう河井氏の連行は、拘置所の幹部が直々に行う決まりになっていたようだ。どの職員も必ず敬語を使い、丁寧に接していた。仮にも自分の元上司のような存在だろうから、考えてみれば当たり前かもしれない。

あの時の職員たちは一体どんな気持ちだったのだろうか？

その胸中には、さぞ複雑な感情が渦巻いていたに違いない。

姿勢良く理髪椅子に座る河井氏からは、洗練されたオーラを感じた。精神的にかなり追い込まれているのではないかとも予想していたが、そんな様子は微塵も感じない。どこか余裕すらあるような振る舞いだった。

オーダーされたのは、耳やえりあし周りを短く整え、頭頂部の毛先を揃える程度のカットだった。前髪にはこだわりがあるようで、短く切りすぎないようにと念押しされた。

頭髪のカットが終わると、河井氏は眉毛と鼻毛のカットも要求してきた。本来であれば眉毛のカットは許可されていないが、河井氏の眉毛は目に入るほど伸びていたため、特別に許された。

また鼻毛のカットをする場合は、ガラに直接鼻毛用のハサミを渡し、自分で切らせる決まりになっている。ところが河井氏は鼻の中で無造作にハサミを開閉させたせいか、大量の鼻血が垂れてきてしまう大惨事になってしまった。

「自分では難しいので……お願いできないでしょうか」

たまらずに懇願してくる河井氏。

指示を求めると、刈り長先生はゆっくりと頷いた。他人の鼻の穴をまじまじと見ることなどないため気まずい思いをしながらも、チリ紙で血を抑えながらなんとか鼻毛のカットをこなした。

カットが終わると彼は鏡で鼻毛の切り残しがないか入念にチェックし、

「大丈夫ですね、ありがとうございます」

と満足そうに理髪室をあとにした。

2回目の理髪は、初回の印象とはまた少し違うものだった。

以前は必要のないことはペラペラ話さない人というイメージだったが、施設での生活に慣れてきたのか、河井氏は陽気に刈り長先生との会話を楽しんでいた。

「面会で、妻が毎回泣くんですよ」

河井氏は困ったように訴えていたが、その表情はどこか嬉しそうでもあった。

妻の案里氏も同時期に東京拘置所に収容されていたが、彼女の方は先に保釈されていた。共に逮捕されることになった河井夫妻の関係は、その後どのように変化していったのだろうか。私には知る由もない。

河井氏は8カ月に及ぶ拘禁生活が続いたのち保釈されたが、懲役3年の実刑判決が確定し、再び東京拘置所に戻ってきた。

それからまもなくして、3回目の理髪が行われた。

髪型は、これまで通り自由というわけにはいかなかった。彼はもう判決待ちの収容者ではなく、東京拘置所に服役する受刑者という立場だ。要するに私たち側の人間になったわけで、受刑者は全員丸刈りにしなければならなかった。

理髪室に入ってきた河井氏は、これまでとは違い真剣な面持ちだった。

「丸刈りにします」

椅子に座らせた河井氏に、私はそう告げた。

彼は鏡から片時も目を離さず、自分が丸刈りになっていく様子をじっと見つめ続けていた。長い拘禁生活や裁判でのストレスだろうか、初回に担当したときよりも白髪の量が増えているように感じた。

「ありがとうございます」

理髪を終えた河井氏は、どこかすっきりした表情を浮かべていた。自分の罪を受け入れ、懲役がスタートすることに対して覚悟が固まっている男の表情だった。

No.14

【判決】懲役4年、追徴金758万円

## ＩＲ汚職事件　秋元司《あきもとつかさ》

カジノを含む統合型リゾート（ＩＲ）事業を担当する内閣府副大臣を務めていた秋元は、中国企業などから合わせて750万円相当の賄賂を受け取ったなどとして2019年に逮捕。他にも金に関する黒い噂は絶えなかった。

東京拘置所には当時もうひとり、かつて内閣府副大臣を務めていた政治家が収容されていた。ＩＲ事業に絡んだ汚職事件など、金に関する黒い噂が絶えなかった秋元司氏だ。

普通であれば河井氏と同じような特別待遇を受けてもおかしくないはずだが、秋元氏はなぜか一般のガラと同じように2人体制での理髪ということになっていた。そのため私が秋元氏の存在に気づくのには、少し時間がかかった。

秋元氏が東拘に入ってきたこと自体は知っていたので、

「秋元っていう政治家の人が入ってきてるはずなんですけど、見かけないんですよね」

とヨコハマさんに聞いてみると、

「あのガラが秋元だよ」

と教えてくれた。

なぜ秋元氏が特別扱いを受けなかったのか、その理由はわからない。加えて秋元氏は収容中メガネをかけており、新聞やテレビの印象とは全くの別人のように見えたことも、彼の存在に気づきにくい一因になっていた。

もしかすると、変装の意図があったのだろうか？

彼が希望した髪型は、いわゆるサラーリマン的な清潔感のある短髪だった。毛量が多く立ちやすい髪質だったため、カットにはやたら時間がかかった。本人も度々、

「量が多いのでよく梳いてもらえますか?」

と希望していた。

私がシャバに戻ったあと、保釈中の秋元氏が駅前に立って街頭演説をしている姿を見たことがある。声まではかけなかったが、またゼロから頑張ってほしいなと心から思った。

No.15

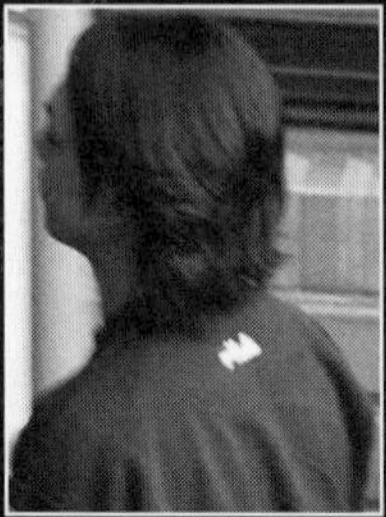

【判決】死刑

# 横浜港バラバラ殺人事件　池田容之《いけだひろゆき》

2009年。新宿・歌舞伎町にある雀荘の経営トラブルを巡り、男性2名が殺害されるという事件が起こった。横浜港で発見された遺体は、いずれも電動ノコギリなどの鋭い刃物でバラバラに切断されていた。

新宿・歌舞伎町にある雀荘の経営を巡り発生したこの事件。横浜港にて発見された男性2人の遺体は、切断されバラバラの状態だった。

主犯である池田容之は、チェーンソーを使って被害者の体を生きたまま切断した。

「密室は怖いので風呂場はやめてください」

「電動ノコギリはせめて殺してからにしてください」

「母親と妻にひと言だけ電話させてください」

泣きながらそう訴える被害者を、池田は笑いながら殺害。バラバラになった遺体を見て、

「人形みたいでしょ」

と共犯者に言い放ったという。

こんなことが現実に起きていいのだろうか。当時の裁判記録を読むと、身の凍る思いがする。むごたらしい事件だ。

２０１０年、横浜地裁は検察側の求刑通り、池田に死刑を言い渡した。裁判員裁判において、初めて死刑判決が出た事件でもあった。

事件内容からも十分伝わってくる池田死刑囚の異常さだが、私は彼の人間性をひと一倍近くで見てきた。何千人という収容者のなかで最も多く会話をしたのが、この池田死刑囚だからだ。

池田はよく喋るガラだった。

理髪室に入ってくる彼は、いつも刈り長先生とにこやかに会話をしていた。その端正な顔立ちとリラックスした表情からは、死刑囚特有の重苦しい雰囲気は全く感じなかった。

理髪椅子に座ると池田は決まって、

「さぁお願いします！」

と快活に言葉を発する。

どこか中性的な匂いのする振る舞いや喋り方が印象的だ。変わらず表情はにこやかなままだが、その大きな瞳の奥には時折、野生的な鈍い輝きが見え隠れした。二面性のある池田の表情は、しばしば私をゾクリとさせた。

「お願いします。いつも通り丸刈りでいいですか？」

「はい、かっこよくしてください！」

これもまた、いつも決まったやり取りだった。

初めて「かっこよくしてください」と言われたときはさすがに戸惑い、

「えっ、丸刈りでいいんですよね……？」

と聞き返してしまった。

テンパった私の表情を見て、池田は大笑いしていた。この一件があって以降、「かっこよく」のオーダーに対しては「了解しました」と返すようになった。

理髪が始まってからも、池田は休むことなく会話を続けた。

理髪係はガラと雑談することは禁止されているため基本は刈り長先生とのやり取りだが、話の流れで私にパスが回ってくることも多かった。聞かれたことには短く返答するようにしていたし、刈り長先生がそれを注意してくることはなかった。そのあたりは、刑務官の裁量次第で柔軟に対応しているのだろう。

「ガリさんは筋トレとかするの？」
「新しい理髪係の人って、いつ入ってくるの？」
「普段は何してるときが楽しい？」

このように取り留めのない質問を浴びせてくる池田だったが、話していて頭の回転が速い人なんだなと感じた。池田は、必要最低限の言葉だけを使って端的に情報を伝える能力に長けていたように思う。

池田の人柄なのか理髪はいつも和やかなムードで進んだが、かといって私はリラックスして作業に臨めていたわけではない。池田の言葉の端々には冷たい響きを感じることもあったし、例の傍聴記録の片鱗を感じさせるような池田の噂もいくつか耳にしていた。

たとえばある時、池田と同じフロアに収容されているガラが揉めて、大声で暴れていたことがあったらしい。それを見た池田は舎房に設置された報知機を使って職員を呼びだし、檻の隙間からこう耳打ちしたというのだ。

「私が殺してやるから出してよ」

## 池田の言葉

「……私のことは知ってる？」

一度、唐突なタイミングで池田にそう聞かれたことがある。

「はい、知ってます」

「そっか、これからもよろしくね」

会話はこれだけだったが、どこか意味深なその言葉の裏には何らかの意図があったのだろうか。必要以上に勘繰ってしまい、肝を冷やした経験だった。

このように印象的な言葉を多く残す池田だが、そんな彼が言った言葉の中で、最も印象に残っているものがある。

ある日の理髪作業中、話の流れで池田は刑務官に、

「私はここにいられて幸せよ」

と言った。

彼は途中から、「生きるとは何か」「人間とは」というような、哲学的な話をすることが多くなっていた。そういった考えを突き詰めていく中で、自分は幸せだという結論に行き当たったのかもしれない。

しかしいずれにせよ、私は耳を疑った。いつ刑が執行されるかもわからない、死刑囚としての不自由な暮らしのどこが幸せなのだろうか?

死への覚悟がすでに備わっているのか、あるいは、シャバにいたらいつ人に手を出してしまうかわからないと思っているのか——池田が何を思いこの言葉を言ったのか、頭の中はしばらくこの疑問でいっぱいだった。

はっきり言って池田は、理解の範疇を超えた規格外の人間であると思う。

こういった人間を既存の法やルールで管理するのは、もしかすると限界があるのかもしれないなと思った。

No.16

【判決】判決前に死亡

## トー横のハウル　小川《おがわ》雅朝《まさとも》

新宿・歌舞伎町にある東宝ビル周辺の路地裏にたむろする若者、いわゆる「トー横キッズ」のリーダー格であった「ハウル・カラシニコフ」こと小川雅朝は、２０２２年、未成年を相手に淫らな行為を行った疑いで逮捕された。

トー横キッズ達を相手に炊き出しやボランティア活動を行っていた「トー横のハウル」こと小川雅朝は、２０２２年11月に東京拘置所で死亡が確認された。東京拘置所は死因を不明と発表。未だに謎が残っている事件だ。

この件に関しては、当時から色々な憶測があった。理髪を担当することはなかったが、私はハウルのフロアを担当していた衛生夫から情報を得ることができた。

ハウルは、食事を口にしていなかったようだ。自殺願望があったり、精神的に参ってしまい全く食事を口にしない収容者は少なくない。

もちろん東京拘置所のルール上、収容者の健康管理、さらには衛生的な観点から、食事を部屋に残しておくことは許可されていない。たとえば出された朝食を昼食の時間まで残しておくことはできないのだ。もし食事を残す場合は、報知機を押し看守に知らせ、残飯を食器口に出す必要がある。

しかし、中には残飯を知らせることなく、室内のトイレに流してしまう収容者がいる。特にハウルがいた独居房は、人目につくことなくトイレに流すことは容易だ。1フロア66部屋もある独居に対し、囚人一人ひとりをくまなく監視することは現実的に困難なのである。

ハウルはそれを繰り返し、ついには栄養失調で亡くなったのではないかと所内では言われていた。

ハウルはどんな意図があって食事を口にしなかったのか。亡くなった今となっては、その理由はハウル自身しかわからない。不可解なのは、彼の死から1年が経過した今でも、詳しい死亡解剖の結果は発表されてないという点だ。未だにはっきりとした死因がわからないのか、それとも発表出来ない何かがあるのか――謎を多く残した事件である。

No.17

【判決】死刑

## 障害者施設26人殺傷事件　植松聖《うえまつさとし》

２０１６年、神奈川県相模原市にある知的障害者福祉施設「津久井やまゆり園」の元職員であった植松は、同施設に侵入し入所者19人を刺殺、その他職員ら計26人にも重軽傷を負わせた。戦後最悪の殺人事件として世間を震撼させた。

２０１６年、神奈川県相模原市にある障害者施設において、19人の殺害を犯した植松聖死刑囚。

無抵抗な入所者に一人ひとり話しかけ、意思疎通が難しいと感じた者は何度もナイフを刺して殺害したという。事件が報道された当時、私はどうしてこんなことが起きてしまうのかと愕然とした。残虐極まりない事件だ。

植松は元々横浜拘置所にいたが、横浜拘置所には死刑執行場所がないため、東京拘置所に移ってきていた。

東京拘置所に移送された植松は私が普段担当しないフロアにいたが、コロナでの人員不足もあり、一度だけそのフロアを担当することがあった。

メガネくんやヨコハマさん、そしてパブロも、植松は要注意人物だと口を揃えて言っていた。公判中に自分の小指をかみちぎり暴れ、裁判が中止になるなど、自傷行為の癖もあったようだ。理髪作業中も、何が起こってもおかしくないと覚悟していた。

作業をスタートし、4人ほど切ったところで刈り長先生の方から、

「次から1人体制」

と指示があった。

刈り長先生は一瞬私と目を合わせ、下を向き、もう一度私の方を見た。いつもとは違う仕草だ。次が植松だと確信した。

理髪室に入ってきた植松の髪は、肩にかかるくらい伸びていた。テレビで報道されていたような、派手で、世間に対して挑発的な印象はまるでなかった。全体的な印象としては、座間の白石死刑囚と対面した時と近い。植松は自分を出さず、控えめな雰囲気で理髪椅子に腰を下ろした。

「髪型はどうしますか？」

と聞くと、彼は静かに、

「坊主でお願いします」

と答えた。

これは意外だった。植松といえば派手な金髪で、顔面に整形手術を施しており、人一倍容姿を気にしてる人間だと思っていたからだ。彼の返答には、何の覇気も感じられなかった。既に人生を諦めているか、あるいは精神安定剤でグルングルンになってしまっているかのどちらかだろう。

とにかくメディアでの印象と、実物の印象のギャップが強いガラだった。何がこの男をここまで変えたのか——そんなことを考えながら右手を動かしていると、あっという間に5分間のカットは終了した。

カットクロスを外すと、植松死刑囚は「ありがとうございました」とお辞儀をして理髪室を出て行った。

たった一度の理髪作業では、彼がどういう人間なのか掴みきることは不可能だった。

## 死刑制度が抱える問題

担当した死刑囚の中から、特に印象的だった人たちについてここまで書いてきた。ここには収まりきれなかったエピソードも多々あるため、また別の機会に発信していきたい。

犯罪者や死刑囚相手にハサミを握り、普通の理美容師では絶対にできない体験をさせてもらった。何が起こるかわからない状況、緊張状態が常に続き、気を抜くことは許されなかった。その日々は、自身が犯した罪の償いとして身になったのではないかと今は感じている。

日本の死刑制度については、今なお議論が繰り返されている。

もっとも大きなトピックは「死刑制度に賛成か反対か」というものだろう。世界的に見て死刑制度を廃止する国も多いいま、日本も制度を見直す時期にきているのではないか、という問題はテレビ番組などでも度々取り上げられている。

そしてその際に必ず話題に上るのが、「死刑判決が出たにもかかわらず、いつまでたっても刑が執行されない」という話だ。

日本の刑事訴訟法では、法務大臣が死刑判決確定から6カ月以内に執行を命じ、その5日以内には刑を執行するように定められている。

しかし現実問題として、このルールは徹底されていないというのが実情だ。再審請求などにより事件が長引いたり、あるいは法務大臣自身の死刑に対する考え方によって、死刑の執行はどうしても先送りになってしまうケースが多いのである。

刑の執行を待つ死刑囚の中には、横暴な態度で度々問題を起こしたり、ある意味東京拘置所のなかで悠々自適の暮らしをしているように見える囚人もいる。それについては、ここまでに書いてきた通りだ。そして彼らを生かしているのは、我々が払っている税金だ。塀の外にいる人間から不満が漏れるのも無理はない話だろう。

何を隠そう私自身も、実際に死刑囚の暮らしを目の当たりにして、「この扱いは本当に正当なものなのか？」という疑念は日に日に強くなっていく一方だった。本書の前半で触れた、私の中に芽生えた〝違和感〟は、言語化するならばこういったところに起因するものだと言えるだろう。

しかしいろいろと悩んだ時期もあったが、私は最終的に善人だろうが犯罪者だろうが、髪を切ることに対しては偏見なく全員に接するように心がけていた。

なぜなら、彼らも同じ人間だからだ。

戦地に派遣された医者は、敵味方関係なくケガをしている兵士を助けることに命を懸ける。大袈裟な例えかもしれないが、私が理髪係を通して培った精神も、それと似たようなものだった。髪がすっきりし清潔になることを、ほとんどの収容者が求めている。沢山の人が喜んでくれる理髪係という仕事に、私はいつからか使命感を覚えるようになっていた。

# エピローグ　～懲役生活を通して～

私はなぜ犯罪を繰り返してしまったのか、考える日々だった。

拘置所受刑者は職員を「先生」と呼び、刑務所では「オヤジ」というが、拘置所での生活は私にとって学校のようなものだったのかもしれない。

私は大人の形をした子だったのだと、日々痛感されられた。


懲役に行くということは、刑務所の中で陰鬱な暮らしをするということだとばかり思っていた。しかし、私の懲役生活はたくさんの場所に行き何千人の収容者と対面し、新鮮な経験をたくさん積むことができるものだった。

薄暗い世界というよりは、朝方の太陽のように、「今日は1日どんな経験があるのだろうか」という希望の日差しがあった毎日だったように思う。

時には部屋の防弾ガラスから見える青い風景をじっと見つめ、不自由がどれだけ人間にとって苦痛なことなのか、噛みしめる日もあった。だが、生活を共にした衛生夫の人達の優しさや義理にも恵まれ、苦しい時も心折れることなく過ごすことが出来た。

私の懲役生活を支えてくれた職員の皆さんや受刑者の仲間には、この場を借りて深く感謝をしたい。人間はひとりで生きていくことはできないのだと痛感した2年と8カ月だった。

出所してしばらく経ってから、自分が担当したガラの死刑が執行されたというニュースをいくつか目にした。

前述した死刑制度が抱える問題点については、今後も議論を重ねていく必要があるだろう。私自身、理髪係を通して死刑囚たちが置かれる実情を目の当たりにし、疑問に思ったことや、改善が必要だと感じたことはいくつもあった。

ただ、まだ自分の中でも「この経験をどう活かすべきか？」という明確な答えは出ていない。少なくとも大事なのは、自分が見てきたことを世の中に伝え、制度が見直されるためのきっかけのひとつにしてもらうことではないかと思う。

この本を執筆したのも、そういった活動の一貫になればと考えてのことだった。

私自身まだ未熟な人間だが、本書が死刑制度に対する理解、そして議論が深まるきっかけの一助になれば幸いだ。

２０２４年５月　ガリ

著者略歴

**ガリ**

岐阜県で生まれ育ち、20歳で表参道の某有名美容室に就職。事件を起こし2019年東京拘置所に服役。これがのちに死刑囚の理髪係となるきっかけとなった。死刑囚や重大犯罪被疑者など約1万人の理髪を担当。YouTube「丸山ゴンザレスの裏社会ジャーニー」に出演し大きな反響を呼んだ。

**カバーイラスト：川端浩典**

**写真引用：デイリー新潮（p159）、『死刑囚になったヒットマン―「前橋スナック銃乱射事件」実行犯・獄中手記』（文藝春秋）（p164）**

# 死刑囚の理髪係

2024年6月18日　第一刷

著　者　　ガリ

発行人　　山田有司

発行所　　株式会社　彩図社
東京都豊島区南大塚3-24-4
MTビル　〒170-0005
TEL：03-5985-8213　FAX：03-5985-8224

印刷所　　シナノ印刷株式会社

URL：https://www.saiz.co.jp
https://twitter.com/saiz_sha


ISBN978-4-8013-0724-7　C0095